幽默成事法

[俄] 维克多·希诺夫　著

董娜　译

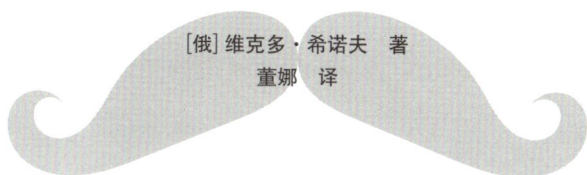

古吴轩出版社

中国·苏州

图书在版编目（CIP）数据

幽默成事法 /（俄罗斯）维克多·希诺夫著；董娜译. -- 苏州：古吴轩出版社，2022.8
ISBN 978-7-5546-1967-4

Ⅰ．①幽… Ⅱ．①维… ②董… Ⅲ．①幽默（美学）－社会交往－通俗读物 Ⅳ．①C912.3-49

中国版本图书馆CIP数据核字（2022）第109125号

责任编辑： 顾　熙
见习编辑： 羊丹萍
策　　划： 杨莹莹　闫　静
装帧设计： 焱　玖

书　　名：幽默成事法
著　　者： [俄]维克多·希诺夫
译　　者： 董　娜
出版发行： 古吴轩出版社
　　　　　地址：苏州市八达街118号苏州新闻大厦30F
　　　　　电话：0512-65233679　　邮编：215123
印　　刷： 天宇万达印刷有限公司
开　　本： 880×1230　1/32
印　　张： 6
字　　数： 123千字
版　　次： 2022年8月第1版　第1次印刷
书　　号： ISBN 978-7-5546-1967-4
著作权合同登记号： 图字10-2022-165号
定　　价： 42.00元

如有印装质量问题，请与印刷厂联系。0318-5302229

为什么幽默更易办成事

首先，我想祝贺翻开本书的读者。

解释一下，为什么祝贺你们。

我为商业人士、公务员、教师做过多年的培训，发现许多人都不了解幽默的重要性。实际上，智慧、专业技术和经验只占成功因素的一小部分，成功主要取决于良好的人际沟通和说服力。直白一点儿说，一句话能成事，一句话也能败事。然而，大多数人认为，在有些情况下，他们无法说服对方，尤其是无法与那些固执己见、目光短浅的人沟通。而无法说服对方的真正原因是他们不会运用说服的技巧。

说服一个人，我们会收获以他为代表的盟友，会对我们的行动有利。相反，仅仅迫使他做某件事，我们会得到反对者，反对者会找机会回避任何事。

这就是我想祝贺翻开本书的读者的原因。如果读者足具洞察力，就会明白说服的艺术是多么有趣，以及掌握这门艺术是多么重要。

实践证明了幽默在说服他人时的有效性。本书描述了借助幽默来说服的方法。大家知道，当双方难以沟通时，通过一个有趣的玩笑或有意思的故事，很可能让充满敌意的对方站到自己这一方，进而体面地摆脱窘境。

心理学家分析了幽默可以在交际中缓解紧张气氛的原因。首先，人们往往感谢那些能让他们感到高兴的人，对这些人更加友善，愿意迎合他、原谅他的过错。其次，在笑的时候，负责创造性解决问题的大脑区域会活跃起来，人们能更全面地看待情况，由此成功地解决问题。

本书准备了一些有趣的故事和俏皮话，你可以运用到你的对话中。实践表明，为说服他人提前做好准备才是最好的。

幽默就像一种习惯，用得多了，机智聪明就像能进入你的基因。好消息是，这个技巧是可以学习的。在幽默这件事上，刻意练习比天赋更重要。大部分的幽默并非来自灵感，而是来自幽默的思维方式和技巧。所以本书在第二章中，介绍了讲俏皮话的技巧，通过相关训练能帮你培养这个技能。

使用幽默这种说服方法让对方同意自己的观点，必须遵循说服的规则。忽视这些规则，将会削弱谈话效果。反之，在沟通困难的情况下，利用这些规则，能更好地说服对方。第三章会展示这些规则。

可以作为有效说服手段的有趣故事和俏皮话占了本书的大部分内容。身为作者，我非常希望你们读这些故事时能够心情愉悦。

祝你们阅读愉快！

维克多·希诺夫

目录
CONTENTS

第三章

幽默有方，让事情办得更顺利

第四章

笑的力量，重塑自己的幽默观

第五章

多多练习，你也能成为幽默达人

第一章　幽默说服，会说话才能办成事

幽默最具力量。

没有什么比一个好的、

无害的笑更能拉近人与人之间的距离。

关于幽默的心理学研究

所有知识都通往秘密深处。

一些研究成果

最近几年，外国心理学家收集了很多研究幽默心理学的资料。实际上，口头幽默的形式十分丰富，有笑话、俏皮话等。然而，在心理学层面上，多数的幽默研究主要集中在笑话和动画上，并不涉及其他形式的幽默，这是因为笑话和动画易于研究。很多研究让受试者看各种笑话和动画，并让他们评价其搞笑程度。

这种方法让心理学家掌握了一些信息，有利于研究幽默的作用，但对提高交际能力没有多大帮助，因为实验条件下的幽默脱离了现实交际场景，而在现实条件下研究自发性的幽默要难得多。

即便如此，已取得的成果显示，研究任何形式的幽默都有很重要的实践意义。有人曾提出了一个模型来描述喜悦这种积极情绪的心理学功能。同负面情绪不同，积极情绪可以开阔思路，让人创造性地解决问题，找到自己的最佳行为方式，特别是走出生活逆境。因此，积极情绪是促进健康的适应机制。

幽默是一种具有潜台词的信息传递方式，通过暗示，而非直接地传达信息，对说服有潜在影响。尤其在某些气氛紧张的场合中，严肃、直接的讨论方式会激化矛盾，而幽默的语言能更好地缓解矛盾。

幽默的语言具有多重含义，因此是在冲突发生时进行交流的最适当手段。认真讨论不同意见时，双方可能会不由自主地坚定自己的立场，从而难以妥协。此时，开个非恶意的玩笑有助于互相理解，并使双方更容易接受对方的立场。在不影响双方尊严的前提下，开玩笑能缓解冲突。也就是说，幽默是预防冲突和调解矛盾的手段。

关系亲近的人可以用幽默的方式讨论难以达成共识的、棘手的话题。幽默带给双方的愉悦感和笑声，都有助于化解矛盾和增进关系。

幽默适用于委婉地批评，也适用于彼此友好地调侃。

在很多时候，幽默地说一句"我是开玩笑的"，就能挽回局面。

幽默可以引导团体、维护团体规范，还可以巩固领导权力、规范团体成员行为。

成功的合作会让人们更加团结，而幽默故事带来的哄堂大笑也有同样的效果。

幽默在教学过程中也起重要作用，是很多老师的重要教学方法。用幽默的方式来解释学习内容，可以活跃课堂气氛，帮助学生掌握和记忆材料。所以，老师在讲课时，为了更深入浅出地传授知识，可以量体裁衣地使用幽默，将幽默与学习的核心内容联系起来，从而让学生更好地理解和记忆。

幽默有助于解决分歧

前文已经指出，用幽默的方式提供信息，可以分散对方的注意力，有助于找到双方都满意的解决办法。当双方立场分歧很大时，借助幽默来说服对方有助于取得最佳效果。

当各方的立场不一致时，持不同意见者保护其主要利益的唯一机会就是妥协。双方各自妥协，放弃一部分条件以换取另一方的退让，这是一种折中进退策略。

如果不遵守折中进退策略就达成妥协，那么这种妥协是非常不可靠的，因为会导致遭受更多损失的一方违约。

为了使双方达成妥协，就必须以某种形式为对方的损失做出赔偿，要做到这一点，只能扩大双方利益的讨论范围。并且，双方都必须找机会来满足对方的额外需求，且不给自身造成额外损失。换句话说，就是要遵循折中进退策略或避免"馅饼定律"。

幽默的定义

我们把幽默定义为一个特殊的游戏，它包括四个部分。

认知部分：与正常认知形成反差的表达。

情感部分：以喜悦形式展现幽默。

行为部分：通过大笑来呈现幽默。

表演部分：借助突然性实现幽默。表演越是出乎意料，越能表现出幽默成分，例如会引起突然的笑声。

成功的幽默家以最严肃的表情表演自己的花招，这不是偶然。

幽默在说服中的作用

幽默是生活波涛中的救生圈。

本节列举了一些仅用幽默就能说服对方的情景。

说服有两种途径：中心途径和边缘途径。中心途径主要让被说服者思考论据内容。在边缘途径中，占主导的是说服者的心情、情感及对事件的态度。

幽默对说服产生影响主要是通过边缘途径，而非中心途径。与理性方式（如事实、数据等）相比，幽默能更有效地影响那些易于变化的情绪（如同情、乐观等积极情绪）。

幽默吸引了人们的注意力。人们专注于幽默，忽视了自己在争论中的弱点。在情感起主导作用的情况下，通过边缘途径进行的幽默说服，可能比通过中心途径更有效。

通过边缘途径进行劝说有以下几种方式。第一，用幽默给听众创造积极情绪，降低他们反驳说服内容的可能性。第二，用幽默使别人对自己产生好感，间接地表达对共同价值观的感受，这样听众就会将说服者当成更可靠的信息来源。第三，用幽默分散听众对话题的注意力，让人很难提出反驳观点。拿自己开玩笑会给人留下一种他对说服的结果并不特别感兴趣的印象，这会提高他的可信度。

有两项关于幽默效果的研究证实，在用边缘途径来沟通时，幽默作为一种说服方法尤为有效，例如广告。

为了弄清楚幽默对商业谈判是否有效，凯伦·欧奎因和乔尔·阿罗诺夫做了一个实验。参与者假扮买画的人，实验发起人的助手假扮卖画的人，他们对画的价格进行谈判。谈判的特定条件是，助手要么用非幽默的方式报价，要么用幽默的方式报价（好吧，我最后的报价是一百美元，加送一只青蛙）。结果显示，与没听幽默的报价方式的受试者们相比，听了幽默的报价方式的受试者们买画的均价更高。因此，实验证明，幽默的卖方能让销售更成功。

我再次强调：幽默通过边缘途径更有利于说服他人。

用幽默达到目的

真正的机智是一种罕见的品质，一些人欣赏它，一些人渴望它，一些人害怕它。如果你欣赏它，它就在你的心中。

当人们面对面交流，并受积极情绪影响时，更容易达成有利于双方的最佳协议。

幽默便能有效地调动双方的积极情绪。一个懂得幽默的人不仅是乐观的，还是风趣的。在任何场合、任何时间，他们都能通过幽默的方式去解决问题，轻松达到自己的目的。

本节主要内容为幽默小故事，通过阅读和体会其中的智慧，我们可以了解幽默如何帮助我们实现良好的沟通。

考试

在一所大学里发生过这样一件事。第一学期有一门化学课，由德高望重的列别杰夫教授授课。格林卡的《普通化学》是这门课的主要教材，这本书像字典那么厚。快要考试了，勤奋好学的学生努力复习，而懒惰的学生直接把书带进考场。

考试进行中，考场里鸦雀无声。考题很难。这时，有个学生偷偷翻书，不小心把书掉地上了，传来了"砰"的一声。每个人都颤抖着，神经极度绷紧。

列别杰夫教授抬起头，找到发声处，大声问道："怎么回事儿啊？"

学生想都没想，就说："喝高了！"

大家哄堂大笑。哈哈大笑中传来老师的话："过了！五分！①——太机灵了！"

然后老师真的给他打了五分。

预约

妻子向丈夫抱怨说她不能接受妇科医生的预约方式，因为她必须一大早亲自去取挂号单。

丈夫帮她给妇科导诊台打电话：

---

① 俄罗斯的学分制中，分为三分、四分、五分三个等级，分别代表及格、良好和优秀。——译者注

"早啊，能在你们妇科医生那儿存张挂号单吗？我住在……"

挂号员笑着说：

"当然行！听得出来你的情况很好，不得不推迟。"

"是的，这是最最困难的情况，我姓……能不能让我妻子代替我去？"

"行，我们可以破例……"

坐地铁

周五的早高峰，在地铁车厢门口上演了一场大战。一堆人冲进车厢，导致车里想要下车的人出不去。

乘务员禁不住调侃道：

"各位，这就是一辆普通地铁，不通向美好的明天。"

堵在车门口的人让开了，大家的心情都好了。

教育家

有个给孩子上音乐课的老师，所有人都知道他教的孩子特别爱听讲，并且听讲时很安静。同事们问他：

"你是怎么做到的啊？"

"第一节课我就告诉学生：'如果你不认真听讲，我就告诉你的爸妈，你很有音乐天赋。'"

高年级女生

在一所学校，有一个相当奇怪的现象：高年级的女生总是把带口红的唇印留在女厕的镜子上面。保洁员非常讨厌清洗口红，不管怎么劝都没辙。女校长把所有高年级的女生都叫到一个厕所里：

"你们知不知道，洗净你们弄脏的镜子有多难？现在就让你们看看！"接着给保洁员使了个眼色。

于是，保洁员把长柄刷伸进马桶里蘸了蘸水，刷了一面镜子。

从那以后，镜子上再没有口红印了。

毕业论文答辩

教研室正在进行毕业论文答辩。有一位姑娘的论文写的是学院图书馆的自动化。论文有些枯燥，但姑娘的表达很自信，用词得当，还当场演示了程序。

教研员们都觉得无聊，只有教研室主任很感兴趣。

"程序怎么运行？真的好用吗？按照参数就能直接找到想要的书吗？数据真实吗？"

"嗯，真实，当然能找到。"

"那你搜一下我的书，我写过很多方法论，应该能找到我的书。再搜一下'波波夫'，肯定也能找到点什么。"

姑娘提心吊胆地输入"波波夫"，真有，她兴奋地说：

"看，有，有您的书，波波夫《闺房喜悦》。"

教研员们一下子精神了，笑得差点儿从椅子上滚下来。教研室主任面红耳赤地解释说，可能是重名了。

最终，这个姑娘的论文答辩得了优秀。

夫妻

丈夫在上网，突然隐约听见妻子说：

"不行，不行，今天不行，咱们明天见吧。"

丈夫立刻走进了妻子的房间：

"你打电话了?!"

"没有，我看女性杂志呢，文章挺有意思。里边有五十句话，要大声朗读，像这种：'亲爱的，请把垃圾带出去。''你什么时候拉窗帘?'"

这边正说着呢，忙乎自己事情的丈夫就听到了第五十一句话："刚才是在撒谎呢！"

丈夫坐在那里看着鱼漂，一个小时过去了，两个小时过去了，等到第三个小时过去时，妻子进浴室说："赶紧钓鱼去，我要洗衣服了。"（丈夫将鱼漂放在了盥洗池里，而妻子要用盥洗池洗衣服。）

"卡佳，昨晚我喝醉酒，乌眼青地回来，你没往坏处想吧？"

"你回来的时候眼睛还没青。"

买卖

一个女人在商店里挑选扫帚。她把所有的扫帚挑选了一遍，又让售货员去库房给她拿了两个，之后又挨个挑选了一遍，足足挑选了两个小时。售货员无奈了。最后女人拿了一个：

"就这个了。"

"女士，是给您包起来，还是您直接骑着飞？"

在一个市场：

"你给鸡喂的什么啊？"

"你问这个干什么？"

"我也想这样减肥。"

俏皮的回答更具说服力

我们自己找的理由比别人想的理由更有说服力。

情绪是行为的重要决定因素，会影响人们的判断和认知。谈判者往往会认为，对方心情好时提出的论点比心情差时提出的论点更积极，也更容易接受别人的意见。

因此，我们只需在说服对方时，巧妙地加上一点儿幽默，用充满智慧和俏皮的言语，就能深入人心，让固执己见的人接受意见，缓和剑拔弩张的氛围。

想要在关键时刻，让幽默成为自己的盾牌，就要多了解他人的幽默方式。本节用具体的例子，展示幽默的说服力。

被人怀疑能力

一位音乐家迫切需要一套新的音乐会礼服，便去找裁缝量尺寸。

音乐家恳请裁缝说："麻烦您三天内赶出来。"

裁缝说："明天就可以做完。"

音乐家怀疑地看了看裁缝："我希望新礼服不会比我身上这套差。"

裁缝看了看音乐家身上的礼服问："你这套礼服是谁做的？"

音乐家吹嘘道："拉斯托尔古耶夫给我做的。"

里加的裁缝打断他："我对此人的名字没兴趣，我只是好奇，他究竟是做什么的。"

妻子要离婚。

法官问："你们为什么要离婚啊？"

妻子："他逼着我吃我做的东西。"

开车

丈夫开车，妻子告诉他："快点儿！"

丈母娘打断她："慢点儿！"

最后丈夫没耐心了，对妻子说："谁开车？你开还是你妈开？"

邻居

一群人在公寓的九楼举行聚会，一如往常，十分喧嚣。渐渐地，有人开始觉得无聊了，于是提议玩抓阄游戏。其中有个人想出个主意：抓到阄的人去邻居家要点厕纸。其中一人抓到阄，他和一群见证人按了好长时间门铃。受这场狂欢折磨的女邻居打开门，半睡不醒且不满地问道："你有什么事？"

他说要点厕纸。女邻居想都没想，就回了句："用过的行吗？"

他和她

"美女，你一直在等白马王子吗？"

"对啊。"

"我来了。"

"真不错，那么王子在哪儿呢？"

买卖

一个百货公司非常想把一位作家发展成其客户。这家公司给他寄了一条领带，并附信一封："大家很喜欢我们的领带，我们盼您为这条领带寄给我们2美元。"

几天以后，百货公司收到回信："大家也很喜欢读我的书。我也盼您寄给我书钱。这本书2.80美元，所以你们还欠我80

美分。"

法院

有个商人被指控伪造发票。检察官和辩护律师发言后，法官让被告人做最后发言。他站起来，庄严地说："还请明鉴啊！我是无辜的！上帝能作证……"

法官打断他："晚了，上帝不在证人名单中。"

剧院

女演员任性地要求："第一幕中，我戴的珍珠项链一定得是真的。"

导演："亲爱的，所有东西都会是真的，包括第一幕中的珍珠项链和最后一幕中的毒药。"

问候

一位作家在二手书店看到一本书上有自己的签名，这是他曾送给朋友的书。作家买下了这本书，写上"最新问候"，又把它邮给了朋友。

让路

一位作家在魏玛公园散步。在一个只能通过一个人的小道上遇见一个批评家。批评家曾在文章中贬低他的作品。

　　他们走近对方的时候，批评家傲慢地说："我从不给傻瓜让路！"

　　作家却笑着闪到一边说："我恰恰相反。"

第二章　幽默是让人心服口服的沟通艺术

通过有意识的，

控制无意识的。

把握幽默的分寸，明确幽默的边界

提前知道想做什么会让你更勇敢、更轻松。

我在给一些公司做培训时发现，这些公司的领导要求讲师（导师）在每次演讲中都讲一定数量的笑话，具体数量根据演讲长短而定。

此外，他们还以公司内部的人和事为素材来讲笑话。例如，公司的宣传册里一定会有一些讲师可以拿来逗乐听众的照片。

尽管成功的公司是凭借标准和完善的技术与客户合作的，但幽默可以提高客户对信息的感知，使信息更可信。因此，幽默是办成事的重要组成部分。

关于如何更好地开玩笑，可以遵循以下方法：

1．练习讲笑话，确保你记住它。

2．用严肃的表情开玩笑。这样的表现形式与内容产生强烈对比，会对你有非常大的帮助。尤里·尼古林就是这样讲笑话的大师，这便是最好的证明。席勒也曾说过："要是讲笑话的人自己都笑了，那玩笑就没价值了。"

3．在说到关键词之前先暂停一下，这样你就可以把它戏剧化，讲完再暂停一下。

除此之外，我还建议你记住"五不"：

1．不要剧透玩笑，要不然玩笑就丧失了突然性。

2．不要宣读玩笑。

3．不要解释笑话的本质，也不要为它道歉。伏尔泰说过："解释后的笑话不再是一个笑话。"

4．不要用复杂的术语、行话，也不要讲模棱两可的故事。

5．要是没有听到笑声，不要难过　　也许听众仍然享受你的笑话，这才是你的目的。

不适当的幽默会带来伤害

幽默是把利器，所以要小心使用它。首先，我们必须记住，我们可以讲述有趣的故事，但不可以伤害任何在听的人。涉及一个人的性别、年龄、国籍、社会地位、亲属关系、情感、兴趣、爱好或个人特点的笑话都有可能产生伤害。

我要分享下我的个人所见。公司里一个男士讲了个故事：有家女性杂志举办了"如何留住丈夫"的竞赛。据传闻，有个农民的来信被认为是最好的——"养丈夫和养畜生一样，首先需要好好喂养他！"

所有的人都笑了，但有一个女人说她的丈夫肯定不是畜生。这个女人的反应对讲故事的人来说完全出乎预料。因为他认为这个故事是贬低男人的，并且他发现很多女人在相互交谈时对丈夫的评价不高。所以，他觉得这个故事应该不会伤害到女人。

上述例子可以给我们很好的教训。然而，在提出这一警告时，我只是在呼吁大家谨慎行事，并不是放弃其他笑话。因此，本章提供了可以应用于不同情境的幽默小故事，希望能帮助大家避开危险话题。

很多成功都是从模仿开始的，幽默感也是如此。幽默小故事背得多了，就会知道笑点或反转点在哪儿，在生活中遇到类似的情境时，就可以恰到好处地应用起来。

用幽默委婉地批评对方

玩笑可以正俗。

批评常常带有否定性，很容易让对方在心理上产生排斥感，激发对方的逆反心理，从而影响批评的效果，甚至比不作为更糟糕。

面对对方的错误，如果我们当众指责，不仅会让对方下不来台，还会激化矛盾，让问题无法得到解决。我们可以寓教育、批评丁幽默之中，运用幽默语言进行委婉的批评，既达到了批评的目的，又避免出现使对方难堪的场面。本节展示了批评对方的幽默小故事，可以参考和借鉴。

当然，在用幽默的方式进行批评时，要把握好分寸。在轻松的调侃之后，还应给予对方关心、鼓励，给对方一份慰藉。

如果所有人都和你说"不"，那你就得找找原因了

一位金发女郎在汽车维修中心想要修理自己的进口轿车。

修理工问："美女，你车怎么了？"

"车子发颤……熄火了……我跑了七家汽车维修中心，不知道为什么都不给修！有什么大不了的?！"

"别担心，我们马上修好它。"

修理工打开发动机罩，发现里边有张她丈夫写的纸条：她就是个傻了，她不会开车，我是不会给她付钱的。

单一的答案不总是适用的

社交网络通信。

她："最近怎么样？"

他："＋"

她："你今天上学了吗？"

他："－"

她："要是学校把你开除了呢？"

他："＝"

她："怎么，你在用计算器上网吗?！"

你犯了严重的错误

两个人在聊天。

"我昨天去看眼科医生了。"

"医生怎么说？"

"他让我先学学怎么读视力表。"

你的学习成果不明显

"听说你最近在学英语？"

"Yes."

"你学会几个单词了？"

"Two."

"一共就学了两个？"

"Yes."

吝啬鬼

"我永远不会嫁给你这样的吝啬鬼！把你的戒指拿走！"

"戒指盒呢？"

反躬自省

一个女人被邀请参加一个宴会。她下班回家后，迅速换衣服，去参加宴会。走进宴会厅，她突然发现大家都在看着自己。她认为自己看起来很漂亮，在大厅里走了一圈，为吸引了别人的注意力而扬扬自得。有个朋友向她快速走来，低声说："能把你那卷发夹子摘下来吗？"

谎撒得太差

一个年轻的女人去单身派对前，答应她的丈夫会在深夜十二点之前回来。但香槟酒很好喝，她喝了不少，时间在不知不觉中飞逝。回到家，女人悄悄地打开人门，墙上的钟（欧式带布谷鸟的时钟）整点报时，响了四声。女人惊慌失措地模仿布谷鸟，叫了八声"布谷"，就去睡觉了。

第二天，丈夫问她昨天几点回的家。

"十二点。"她不假思索地回答，还补充道，"时钟正好报十二点。"

丈夫说："嗯，听见了。"

妻子心想："太好了，好险啊！"

丈夫沉默了一分钟，又说："亲爱的，知道吗，咱们该换个钟了。"

"为什么啊？"

"你昨天回来的时候，它叫了四声，然后它说'还得来几声'，就又叫了几声，之后揩了揩鼻涕，又叫两声，后来又嘻嘻笑了一会儿，又'布谷'地叫两声，踩到猫，还骂人了……"

好心另有企图

"大娘，我要坐到中心市场吗？"

"不用。"

小伙子下车了。于是大娘就坐到了他的座位上，说：

"我要坐到那……"

应该履行义务

"你个人方面（指爱情）怎么样了？"

"我是逃兵。"

对结果不负责

某地区决定挖隧道，开始选施工队，并召开施工方案会。A施工队提议双方同时挖隧道再对接，其精确度为十五米，两年修完。B施工队提议的一样，但保证精确度为五米，一年修完。这时C施工队说："两头开挖，我们两周就能挖好，但什么也不保证，也许你们会有两条隧道。"

别学不值得学习之人

爸爸对沃沃奇卡说：

"两分的题改好了没？"

"改好了！"

"给我看看！"

"给！"

"谁会这么改？让他到我这儿来！"

有优点不代表会被所有人喜欢

有人问一个好莱坞女演员为什么把女厨开除了。

"不要问了，"她叹了口气继续说，"她饭做得很好，但她会告诉大家，她已经为我工作四十年了。"

想和你分手

"亲爱的，你看今天天气多好！"

"你想说什么呢？"

"你之前说过，在天气好的时候离开我。"

我们想了解一下设备的真实功能

两个金发美女在聊天。

"你说，他们为什么在直升机上安一个这么大的螺旋桨？"

"这是个风扇，省得飞行员出汗！"

"瞎说！你在耍我！"

"没瞎说！前不久我刚坐过直升机。马上要着陆时，螺旋桨突然不转了，那飞行员一下子就冒汗了。"

你本该立刻告诉我

两位绅士打猎后坐在壁炉旁，朝着火伸直腿，默不作声。终于，一个人张口：

"先生，我担心你的袜子要着火了。"

"先生，你可能想说靴子吧？"

"不，先生，你的靴子早就烧完了。"

在哪儿学的？

玛莎上一年级了。

"你会数数吗？"老师感兴趣地问道。

"1，2，3，4，5，6，7……"

"会接着数吗？"

"8，9，10，J，Q，K……"

应该早点评估自己的机会

老板全神贯注地看着新来的女秘书。

人力资源主管在他耳边说："四个孩子！"

老板："不可能！这么年轻就有四个孩子了？"

"没说她，说的是你。"

你的食材不够成熟

丈夫对妻子说："亲爱的，你那鱼汤里游的是什么鱼？"

"怎么了，不喜欢我做的鱼汤吗？"

"别担心，鱼汤我很喜欢，只是不喜欢鱼在喝汤。"

不要太好奇

两个朋友约会，一个说．

"你知道吗，为了搞笑，我昨天宣称十二点在市中心广场上会有傻瓜集会。"

"哈哈哈，估计没人去。"

"广场上挤满了人。"

"你说什么？"

"所有人都去看谁会去！"

缺乏动力，就算降低要求也没用

正在进行考试。

老师提问："五分的题，电压用什么来计算？"

大家都不吱声儿。

"四分的题，电压用什么来计算？A、伏特；B、安培；

C、欧姆。"

大家还不吱声儿。

"三分的题。电压是用伏特计算吗？"

大家还是不吱声儿。

某个学生忽然说："来不及格的题吧！"

放弃争辩

法庭上。

"受害人，你认识偷你车的人吗？"

"法官阁下，他的律师说完后，我都不确定我有没有车了。"

专心做事

"伙计，你的两只耳朵怎么了？"

"我熨衣服时，接了个电话。"

"嗯？"

"我把手里的熨斗当话筒了。"

"懂了，那另一只耳朵呢？"

"那个……后来我想打电话叫救护车。"

别太天真

沃沃奇卡问姑姑：

"你和姑父怎么没孩子呢？"

"鹤从来没给我们送子啊！"

"啊，要是你们还相信鹤能送子的话，那我就知道为什么你们没孩子了。"

没准备好接话

沃沃奇卡问妈妈："妈妈，为什么爸爸的头发那么少？"

妈妈："因为爸爸很聪明。"

沃沃奇卡："那为什么你头发那么多？"

妈妈："闭嘴，吃饭！"

幽默地指出对方的不合理之处

> 幽默总是有点儿反命运。

我们有时会遇到他人向自己提出不合理，甚至荒谬的要求。例如，某个要求不在你的职责范围之内，某个要求违反了已有的流程或约定，某个要求会带来道德或法律的风险，等等。

一本正经地与对方讲道理或直接反驳对方可能会给自己带来一些不良后果。此时，我们可以用轻松和谐的话语讲一个含有否定意味的幽默故事，让对方听出弦外之音。

在对方意识到自己的不合理之处后，我们还应提出一个更好的解决方案，让事情按照预期顺利办成。

你的回答不合时宜

"您叫什么名字？"

"瓦西里。"

"有孩子吗？"

"有，儿子叫瓦西里奇，女儿叫瓦西里萨。"

"家里有宠物吗？"

"有只猫，叫瓦西卡。"

"抱歉，我们不能录用您做我们的创意总监。"

够了，停下

妻子对丈夫说：

"亲爱的，你为什么把我拉入黑名单？"

"你总是给我发垃圾邮件。"

"什么垃圾邮件？"

"给我交费，我需要件新外套，给我点钱买双靴子，等等。"

你把因果颠倒了

女人坐在生病的丈夫的床头，丈夫对她说：

"玛莎，你还记得我被选中参军的时候，你在我身边吗？"

"嗯，亲爱的。"

"你还记得我被解雇了，然后几年没能找到工作吗？你也在我身边。"

"当然，亲爱的。"

"你还记得我喝醉了，倒在车下，在医院住了三年吗？那时候你依旧在我身边。"

妻子哭着说："当然了，我的心肝儿！"

"现在，我要死了，你仍然在我身边。"

妻子开始号啕大哭。

"玛莎，我觉得，这一切不幸都是你给我带来的。"

继续劝你毫无意义

"你的求婚还算数吗？"女人问。

男人答："算。"

女人："那我再拒绝一次。"

要看和什么比较

总经理对手下的员工说："你们所有人都抱怨危机，抱怨经济形势导致生活变差。顺便说一句，你们的工资今年涨了75%。"

"抱歉，和哪年比涨了？"

"和明年比。"

给事物命名

"你的论文题目是什么?"

"《如何用筛子打水》。"

"这是什么话,哪有这么给论文命题的?应该叫《用穿孔容器运输液体物质的问题分析》。"

"教授,那你的论文题目是什么?"

"《俄罗斯民间按键乐器对二十世纪末至二十一世纪初俄罗斯宗教哲学思想发展的影响》。"

"就是《手风琴对流行文化有什么用》吧?"

理解取决于人生经历

两个未婚的老太太坐在院子里的长椅上,紧闭双唇,盯着一只公鸡看。这只公鸡在追赶母鸡,却怎么也追不上。母鸡绕着房子跑了两圈,跑到马路上,钻进了车轮子下。

一个老太太说:

"它宁愿去死。"

问题需要更准确地表述

男人脚边躺着一条大狗,一个行人路过并好奇地问:

"问一下,先生,你的狗咬人吗?"

"不咬。"

这时候，狗跳起来咬了路人。

"你不是说它不咬人吗？"

"谁告诉你这是我的狗啊？"

同不存在的危险做斗争

一个男子乘公共汽车，从报纸上扯下几小块纸片，然后把它们扔出窗外。邻座觉得很有意思，就问他："你为什么要撕报纸，把碎纸片扔出窗外啊？"

"这个能吓走大象。"

"但这没有大象啊！"

"因为我扔了纸，所以没有啊！"

强词夺理

"我强烈推荐这个律师。"

"你觉得他能让我无罪释放吗？"

"当然！我最近被一只狗咬了，我起诉了狗的主人，正是这个律师给那个狗的主人辩护的。想象一下，他能证明我咬了那只狗。"

回答投机取巧

在一个电视节目上，主持人问玩家：

"屠格涅夫的小说《木木》中，谁不能说话？"

"小船。"

"答错了，是格拉西姆。"

"等等，小船说什么了？"

你误解了我的话

妻子说："我需要很多钱！要去脱毛、做美甲、修脚、买化妆品！"

丈夫答道："我很走运，天生就这么帅。"

不要望文生义

一个小男孩说："我的鼻子长得像爸爸的，眼睛像妈妈的。"

另一个小孩儿说："我的额头长得像爷爷的，耳朵像叔叔的。"

沃沃奇卡说："我的裤子像哥哥的。"

幽默可以击退攻击性言论

> 与其到口袋里找钱，不如到口袋里去找词。

　　遇到意料之外的怀疑、攻击和嘲讽该怎么办？我们在面对这些攻击性言论时，如果一味地忍耐，就会产生负面情绪，并将这些情绪压抑到潜意识中，对双方沟通和解决问题毫无裨益。

　　冷静观察就会发现，攻击性言论往往披着情绪的外衣。剥去这些外衣，寻找言论背后隐含的对方的诉求。如果我们不准备让步，那就采取积极的态度去应对。

　　幽默便是一种体面且有效的回应。用充满智慧和俏皮的言语巧妙反击，将这些攻击性言论化于无形。

吓唬人的习惯并不好

老师在课上说：

"记住，孩子们，成绩优秀是能上天堂的，而不及格是要下地狱的！"

沃沃奇卡说：

"老师，我们不能活着完成学业吗？"

复杂的问题有简单的答案

一个天文学家靠公开演讲赚了很多钱，甚至有自己的私人司机。有一次，天文学家对司机说：

"你知道吗，我几乎每天都做同样的演讲，我都烦死这单调乏味的生活了。"

司机说："我也烦死开车了。"

"那咱俩换换！这是演讲稿，这个城市没人认识我。"

"就这么说定了。"

后来，司机言辞流利地做了演讲，赢得了雷鸣般的掌声。

到了问答时间，一位观众提问：

"您能不能解释一下恒星对流理论？"

司机想了想，回答说：

"我很诧异，您问了我这么简单的一个问题。既然问题这么简单，那我就让我的司机回答你吧。"

我们的反对意见值得你注意

晚上十一点半了，电话响起。

"您好，我们是一家化妆品公司，诚邀您来体验。"

"好的，但是我有脑震荡。"

电话那头停顿了一下，又用美好的嗓音继续道：

"没关系，您来吧，不需要用到您的大脑。"

基础需求是第一位的

楼里的流浪猫养成了往年轻夫妻停在楼梯间的婴儿车上排便的恶习。

"有一回早晨我从家里出来，"那家的父亲讲，"我在犯罪现场抓到了小猫，把它塞进了我的公文包，跑去车站，跳上公交车，到了公司我把猫拽出来，对着它的屁股给了它一脚。它未必能找到原先的地方，但也不会无家可归。午休时我想起了我妻子精心准备的三明治……这只猫之前是多么镇静啊，在拥挤、黑暗、颠簸的环境中吃我的午饭。"

承受打击是一门艺术

一个姑娘气愤地说："我再也不和演员调情了，和他还不认识呢，他就对我动手动脚了。"

朋友说："你应该打他一巴掌。"

"我打了，但你知道吗，他以为这是鼓掌呢。"

不要给别人挖坑

丈夫和妻子在车里吵架。乡间小路上，两头猪慢悠悠地迎面走来。

妻子挖苦道："这恐怕是你的亲戚吧？"

"嗯，我的岳母和岳父。"

任何时候都要考虑最坏的情况

两个老足球运动员约定：先死的那个人要告诉另一人，天堂里是否有足球。没多久，一个运动员去了天堂，三天后他的朋友也去了天堂。

"哥们儿，我有两个消息，一个好消息，一个坏消息。"

"先说说好消息。"

"这儿也有人踢足球。"

"那坏消息呢？"

"这个周五有比赛，你是主力队员。"

你的解释违背常识

雨已经下了三天，妻子很沮丧，总是朝窗外看："如果明天雨还不停，我们就得让雨进屋了。"

做事要先考虑后果

一个男人走进一家餐厅，他又高又壮，管理员朝他走来：

"您想找什么工作？"

"嗯……保安一类的工作，或者保镖。"

"你都会什么呢？"

"我让你看看。"

他走进大厅，走到一个胖子前，抓住他的后脖颈，朝向窗户顺手就将他扔出去了。

"怎么样？"

"还可以。现在老板（被丢出去的胖子）回来了，我们继续。"

你不知道真正的危险在哪里

小偷爬进屋里，屋里有只鹦鹉。

鹦鹉说："珂沙都看见了。"

小偷用毛巾把笼子盖上：

"珂沙不是我！珂沙是只狗。"

不得不防你

我的猫喜欢在皮草大衣下吃鲱鱼，在沙发下吃肉，在桌子下吃香肠，在毯子下吃肉饼……总之，吃东西时非常谨慎。

你的意图早就暴露了

客户在看房的时候问："隔音效果怎么样？"

邻居在墙那边说："非常好！"

直接说你想要什么

公交车上。

"你把手放入我的袋子里干什么?!"

"找火柴。"

"你就不能问问吗？"

"我不好意思问……"

把霸王条款当福利

我喜欢我的工作，工作时间自由。如果愿意的话，可以早晨七点上班，晚上十二点下班，还可以不用回家……

不择手段不可取

今天我做了一件好事！早上我遛狗的时候，看见一个男人往车站跑，我看他要来不及了，我就把狗链松开了。他最终赶上公交了！

通过幽默来传达期望

幽默是生活的调味剂。

我们在沟通时，会向对方传达自己的期望。例如，销售主管对绩效的期望，教师对学生的期望，父母对孩子的期望。

有些时候，虽然我们以适当的方式提出了建议，但还是会被对方误认为是命令，尤其当我们属于强势的一方时。

怎样提出自己的期望和建议，才能让对方更好地接受并执行呢？

我们可以用幽默的方式来传达期望。幽默具有很强的感染力和吸引力，使双方保持良好的关系，促使双方达成协议，也能让对方愿意去做一些他们平时不愿意去做的事。

换个省钱的方式

心理咨询——当然是件好事！但是大喊大叫要便宜得多。

纸包不住火

丈夫度假回来了。妻子把他的衬衫扔进洗衣机时，发现了一张照片。照片上她丈夫在中间，左右各站着一个朋友。

妻子通过熟人把照片给度假村的工作人员看了看，并问这几个男人在度假期间表现得怎么样。

收到回复："左边那个人是个酒鬼，右边那个人是个好色之徒，就中间这个表现得还行，自从和妻子来了，就一直和妻子待在一起。"

我们需要点特殊手段

丈夫在和岳母长时间争吵后对儿子说：

"儿子，给你姥姥拿支唇膏来。"

"哪支唇膏？"

"软管的那个，上边写着'Moment'（一个胶水的牌子）。"

不要偏离问题的实质

"被告，你还有什么要说的吗？"

"法官阁下，我恳请您注意，我的律师年轻、缺乏经验。"

你的承诺不切实际

"你爸妈都给你讲什么睡前故事啊？"

"毕业后，你会赚很多的钱。"

不要透过外在形式判断内容

导游带一队外国人旅游。

其中一个外国人说："你们国家什么都小，比如这个建筑，要是在我的国家，会比这个大十倍。"

导游说："当然，先生，这里是精神病院。"

在协议中请勿蓄意混淆定义

喝醉的主人对仆人说：

"约翰，你没发现这瓶酸奶有股怪味儿吗？"

"是的，先生，而且我发现，这瓶酸奶有个奇怪的名字。"

"什么名字？"

"沙拉酱！"

让彼此了解得更深入

一个姑娘和一个小伙子互发短信。

他说："你在干什么呢？"

她说："我在上物理课，你呢？"

"我在上计算机课。"

"你在什么学校？怎么不管我什么时候问，你都在上计算机课？"

"我是教计算机课的老师。"

你来此的目的究竟是什么

办公室是一个你早上想吃东西，午饭后想去睡觉，一觉醒来觉得是时候回家的地方。

实事求是地看问题

对于"如果你看见一个小绿人怎么办"这个问题，60%的人回答："会戒酒。"30%的人说："开始喝酒。"只有一个姑娘说："我会过马路。"

尊重你的伙伴

"你看你！给自己夹了一大块肉，给我留的都是小的。"

"那要换作是你，你怎么办？"

"我当然给自己夹小块的。"

"那你还说什么啊？我不是给你小的了吗！"

你至少提供些信息吧

某相亲网上：

"咱们九点地铁站附近见吧。我怎么能认出你啊？"

"我也很好奇……"

当不同的人问我们同样的问题

要是有个女人对你说："天哪，你以前在哪儿？"你会感觉很好。但如果一个医生这么对你说，那就太可怕了。

用幽默来说服论敌

用戏谑的语言来推翻对方严肃的论据，但态度要真诚。

　　这里所说的论敌，指的是争论中的对手。在工作和生活中，我们难免遇到与对方意见不合的情况，有时不好正面拒绝对方，有时还会因对方不愿让步而产生争论。

　　如果从正面难以解决问题，那就站到反面去找答案。我们可以不直接加以拒绝，而是全盘接受，然后根据对方的要求或条件推出一些荒谬的、不现实的结论来。这种借用对方的逻辑、观点、言论等进行反驳的方法，往往能产生幽默的效果，让自己变被动为主动。

塞翁失马，焉知非福

妻子和丈夫为谁送儿子上幼儿园而吵了起来。

"我是不是送你貂皮大衣了？"

"送了！"

"我是不是送你棉靴了？"

"送了！"

"所以啊，你去送儿子！"

"为什么不是你去？"

"我穿什么去？我穿个袜子，打上刮胡子的泡沫去？"

都是你教我的

爸爸对儿子说：

"你这么年轻就开始抽烟了，我在你这个岁数的时候……"

爸爸沉思了一下。

"你还是抽吧，抽吧……"

不同的关系有不同的相处模式

有个领导和女秘书一同坐车出差。车厢内，秘书睡下铺，领导睡上铺。夜里领导从上铺下来叫醒秘书：

"冻死我了，去给我拿一床被子。"

"那今晚假装我们结婚了吧。"

"啊，行，假装结婚了。"

"那你自己去拿被子！"

别一厢情愿了

雇主正在面试求职者。

"你在简历中写，你懂这几门语言和编程技术……嗯，还详细列了两页清单，但是工资却要的不多。我们给不了你一座金山，薪水一个月最多十五万欧元。"

面试者吃惊得话都说不出来了。

"只是别成天想着别墅了。我们最多给员工分莫斯科的房子，市中心六室的。"

面试者试着坐稳，不暴露内心的狂喜。

"也不用寻思，老板有保时捷，你也会有车的，但最多是辆宝马。"

求职者忍不住了：

"您开玩笑吧?！"

"是你先开始的。"

不用羡慕

谢幕后，演员拿着一束康乃馨离开舞台时，对拿着一大束鲜花的伴侣说：

"达尼亚，你为什么流这么多眼泪呢？你听啊，他们都在鼓掌，你演得很成功！"

"是的，你也是！"

认清真正的原因

面试。

"你为什么从原岗位辞职？"

"因为疲劳。"

"什么疲劳？"

"我不知道，他们说和我说话很累。"

你的承诺太难现实

"早上好，您非常幸运！昨天有一位亿万富翁在美国去世了，你被随机挑选为唯一的继承人。恭喜你，你现在拥有了一千亿美金、一百千克黄金！你现在要做的就是从我们这里买熨斗和煎锅！"

预测常常是错误的

1949年，曾有科普杂志写道："在未来，电脑的重量会超过1500千克……"

你低估了反问的危险

凌晨三点，电话响了：

"喂？"

"有一群羊从你家的窗前跑过去吗？"

"怎么，你掉队了吗？"

你想隐藏的，对别人来说都不是秘密

某相亲网上的信息：

名字：塔尼亚

姓氏：不可见

年龄：不可见

邮箱：ivanova1988@nnn.ru（ivanova是姓氏。）

赢小输大

律师的狗跑进肉铺，叼了一块牛肉就急忙跑了，愤怒的屠夫去办公室问律师：

"请您回答下我的问题。假设有只狗到我肉铺叼走了一块肉，我可不可以问它的主人要肉钱？"

"当然可以。"

"那么，你的狗跑到我店里叼走一块两千克的上好牛肉，你要付二十美元。"

律师一句话也没说，把钱给了屠夫。一周后，屠夫收到了两百美元的律师咨询费账单。

考虑一下后果

有一个人不喜欢跑步和极限运动……但是邻居的杜宾犬激发了他的潜能。

你正确地理解了信号吗？

一个月没开车，终于开上车了……路上所有人都喊叫、挥手，他们可能想我了？

听下解释对你有利

法庭上，证人非常详细地回答了每一个问题。

最后，法官说："你只需回答'是'或'不是'！我们不需要你的推测！"

"但请允许我，不是每个问题都能回答'是'或'不是'！"证人反驳道。

法官打断他："每个问题都能回答'是'或'不是'。"

证人："那请您回答我，您在审讯中踢过犯人吗？"

请明确地表达意思

妻子和丈夫说她买了新靴子，真皮的、棕色的、带扣的。但丈夫还不知道，其实是三双靴子！

请节制欲望

一个富豪钻进自己的第六辆奔驰里，看见车上坐着个忧郁的司机：

"伙计，你愁什么啊？我一个月给你一千美元的工资，给你买房子，让你经常去加那利群岛度假……你想什么呢？"

"我在想，您还是再雇一个司机吧。"

坦率不总合适

门铃响了，小男孩去开门，看见门外是个警察。

"你爸爸在家吗？"

"不在。"

"你妈妈呢？"

"她也躲起来了。"

你没预料到的事

有一个给吸尘器做推广的代理走进一个住宅，明目张胆地把随身带的垃圾扔在走廊上，并对房主说：

"要是我的吸尘器不能把所有垃圾都吸进去，我就把它们都吃了！女士，您去哪儿？"

"拿个勺子，我们已经停电三天了。"

稳定不总是好事

汽油涨价了，酒也涨价了，房租、罚款也都提高了，就工资没涨，简直太稳定了！

让我们真正行动起来

孙子进屋看见爷爷一直在摇椅上使劲晃动。

"爷爷，你这样会摔的！你怎么了？"

"医生让我多运动运动。"

以幽默的方式提醒对方

> 愚蠢的人从自己的错误中吸取教训，聪明的人从别人的错误中吸取教训。

当对方行为不当，侵犯了你的底线时，就有必要警告对方。但要控制自己的情绪，否则表达愤怒会带来不良的影响。而且，太过严厉的语气就像一把利剑，杀人无形，不仅不能缓和紧张局势，反而会促使冲突升级，把小事变成大事。如果用一些幽默的方式，就能缓和双方的紧张气氛，化解矛盾。

本节列举了一些可以用于提醒对方的幽默小段子，希望能帮助你找到新的解决方案，摆脱困境，化干戈为玉帛。

你的情况毫无希望

一个患者到心理医生那儿问诊。

医生："你是什么时候产生自己是一只猫的想法的？"

患者："当我还是只小猫崽儿的时候。"

不经意的话可能导致意外后果

剧组正在拍摄电影里的一个危险镜头。男主角走到摇摇晃晃的吊桥前，出于恐惧，声音发抖地问导演：

"吊桥不会断吧？"

导演："哦！停！好主意！"

两害相较取其轻

"你需要马上动手术！"

"医生，我们不能推迟吗？我想先安假牙。"

心脏外科医师沉默了。一分钟，两分钟，五分钟……

"医生，你怎么不说话啊？"

"我在想象，有人弹奏肖邦的《葬礼进行曲》，所有人都在哭，而你躺在棺材里，有一口亮丽、整齐、明晃晃的白牙！"

没想到全部后果

"去年妇女节，我送给妻子一台洗衣机。今年，我送给她一台洗碗机。等到她过生日的时候，我打算再送她一个多功能电饭锅。但我犹豫了，她会不会有太多时间唠叨我了？"

不要建空中楼阁

我不喜欢周末。当你想坐在壁炉边的摇椅上喝咖啡时，却发现你没有壁炉、没有摇椅，甚至连咖啡杯都没有。

不要脱离现实

一个垂死的老太太对孙女说：

"听我说，孙女，我把我的农场留给你，那里有三套房子、六辆拖拉机、一个谷仓、一个鸡舍、二十头牛、十匹马、十只绵羊、十只山羊，还有十辆车。"

"你说什么呢，奶奶？我连这个农场在哪里都不知道！"

"在网上。"

考虑一下后果

有一个老妇人上车时把东西掉在了地上。

司机开玩笑说："掉下的东西就是我的了。"

老妇人回答："你最好专心开车，不然我就摔倒了，我都是你的。"

禁忌滋生欲望

我在车上看到一个牌子，上面写着："不要对司机做鬼脸。"本来我从没这么想过，但读完想做鬼脸了！

没有权力并不意味着没有威胁

爸爸对妈妈大吼大叫，妈妈对儿子大吼大叫，儿子对猫大吼大叫。夜里，猫在每个人的鞋子里都拉了屎。

不要利用亲密关系

一天晚上，我收到一条短信：

"妈妈，我电话被偷了！往这个号上存五百卢布。"

我琢磨了很久该怎么回，忽然想出个好主意：

"你不再是我的儿子了！"

得到你想要的之后，不要忘记你的承诺

有个男人一直受单相思的折磨。一天，他坐在河边和上帝诉苦，上帝听到他的话，说：

"你为什么伤心啊，我的孩子？"

"我爱娜斯佳，非常想她，她却不理睬我，没有她我无法生活了。"

"我能怎么帮你呢，我的孩子？"

"让我更帅一点，或许这样她能更喜欢我。"

"好的，说吧，你想改变哪里。"

"我想有挺翘有型的鼻子。"

"行，做好了。"

"让嘴唇更丰满一些，下巴更有男子气概一些，她喜欢这样的。"

"好了。"

"个子再高一点，我想又高又瘦，她喜欢这样的。"

"弄好了。"

"让我肌肉再多点，看上去像个运动员，她会喜欢的。"

"好了！"

"你能给我一辆车吗？"

"好，还要什么？"

"嗯……我希望我的智商更高些，我要和他们玩填字游戏。"

"智商？这个好。行了！"

小伙了看了看自己，大喊"嘿！"，就朝车跑去。

"站住，你要去哪儿？我的孩子，她还在上班。"

"谁？娜斯佳吗？我还要接受她吗？我现在这么优秀！"

上帝叹了口气："唉，就应该先从他智商开始改造。"

请警惕反常的举动

一个理发师和一个年轻的学徒在理发店工作。一天，学徒对理发师说：

"有个奇怪的家伙总是在咱们理发店里走来走去，每天下午数一下排队的人数就走，有点不正常。估计他今天也会来。"

理发师说："听着，他再从我们这出去的时候，你就偷偷地跟着他，然后回来告诉我他去了哪里。"

果然，过了一会儿，来了一个穿着时髦的年轻人，他开始数排队的顾客：

"一，二，三，四，五，六！"

然后他转身默默地离开了，学徒按照理发师的吩咐跟着他，但很快就回来了。

理发师问："你说说，那个家伙从店里离开后干什么了？"

"买了一束花就回去了。"

"这么说，他还真是个精神病。"

"不完全是……他去了你家，他好像在追求您的女儿。"

随着时间的推移，我们的立场可能会改变

婚前恋人之间的对话：

"太好了！终于等到了，我已经等得不能再等了。"

"也许我该走了？"

"不，别想这个了！"

"你爱我吗？"

"当然。"

"你会背叛我吗？"

"不会，你脑子里想什么呢！"

"你会亲我吗？"

"会。"

"你会打我吗？"

"任何时候都不。"

"我能相信你吗？"

婚后夫妻之间的对话——从下往上读。

细节可以说明很多问题

如果医生用清晰的笔迹给你开处方，小心点，他可能不是医生。

我们甚至被孩子"操纵"

儿子打电话回家：

"妈，你叫一下我爸！"

妈妈把电话给了爸爸。

儿子继续说：

"爸，斯巴达克斯赢了？"

爸爸："嗯，当然。"

儿子："你叫一下我妈！"

爸爸又把电话给了妈妈。

"妈，你听见了没？我爸同意了！"

有时候形式比内容更重要

有个女士传唤她的仆人说：

"我的婆婆查特利夫人病得很重，你现在去医院问问她的情况。"

三个小时后，仆人回来了。

"怎么样？你去过查特利夫人那儿了吗？"

"去过了，夫人。"

"好的，你可以走了。"

期望越高，失望越大

早上，妻子对丈夫说：

"你知道吗，亲爱的，我今天做了个梦，梦见你送给我一条漂亮的钻石项链！你说这是什么意思？"

丈夫亲了亲妻子，对她说：

"晚上你就知道了！"

晚上妻子回到家，摆好菜，烤好肉，开了瓶红酒，点上了蜡烛。丈夫回来给她一个盒子。妻子打开盒子，里边有本书，叫《梦的解析》。

敞开的大门

被告沉浸于即将到来的欢乐之中，他搓着手对律师说：

"你猜我今天要怎么挖苦一下检察官！"

律师问："怎么挖苦？"

"他花了三年时间收集我的犯罪证据，请了二十五个证人。不等第一个人开口，我就承认所有的事情。"

真相更惊人

邻居在花园的苹果树上发现了沃沃奇卡。

"沃沃奇卡，你又来了！我得和你父亲谈谈了！"

沃沃奇卡抬起头说：

"爸爸，快下来！科利亚叔叔想和你谈谈。"

诱人的提议可能是陷阱

渔夫坐在岸边盯着鱼漂，一条鳄鱼从他身边游过。

"怎么，伙计，鱼还没上钩？"

"没有。"

"要不下来一起游会儿泳吧！"

示好的背后另有玄机

妻子回到家，从包里掏出啤酒、小龙虾、螃蟹，放在丈夫面前。

"亲爱的，这都是给你买的。你怎么没看足球？给你做点什么好吃的？"

丈夫问："严重吗？"

"亲爱的，不是太严重，只是前灯、保险杠和引擎盖坏了。"

不确定性使人怀疑会出现最坏的情况

我昨晚走着，前面的女孩加快了速度，我也走得更快。接下来她跑我也跑，她尖叫我也尖叫。我甚至不知道我们在躲什么，但就是很害怕。

制造意外感，让人记住重要的事情

讲俏皮话应当抓住秘密。

在课堂上，如果老师巧妙地运用幽默的小笑话活跃气氛，学生们的注意力就会更加集中。

同样的道理，当我们想要突出某些内容引起对方的注意时，可以抓住重要事情的关键点，用出乎意料的幽默吸引对方的注意力，这样不仅显得自然、巧妙，还能让对方感到新鲜有趣、印象深刻，从而牢牢记住这件重要的事情。

虽然这种幽默大多是临时起意的现场发挥，但是我们可以先记住本节中的这些幽默小段子，在与实际情况相切合时，就能拿来即用。

收费方式不同，但总价没变

同事们在聊天。

"美国科学家做了这样一个实验：他们把用于实验的老鼠分成两组，并以不同的方式喂养。第一组食物充足，第二组口粮减半，结果第二组老鼠的寿命是第一组的两倍。"

"是的，但是它们总计吃得一样多！"

质量好并不总是好事

船长回忆道：

"这是我一生中最可怕的经历。我们的船被暴风雨困住了，但还有更恐怖的。船上有大量的玩偶，当船倾斜时，成百上千的玩偶睁着大大的眼睛一起叫：'妈妈！啊！啊！啊！啊！'"

你的提议毫无新意

故事发生在中世纪时期的一座城堡里。

有两个小姑娘和她们的保姆在其中的一个房间里讨论男孩儿。晚上七点，管家进来说："小姐们，茶来了！"

十年以后。姑娘们坐在房间里讨论男朋友。晚上七点，管家说："小姐们，茶来了！"

又过了十年。两个女人坐在房间里讨论丈夫们。晚上七点，管家说："太太们，茶来了！"

一晃又过了十年。两个中年妇女坐在房间里讨论丈夫们。晚上七点，管家说："太太们，茶来了！"

又过了十年。房间里坐着两个老太太，她们已经什么都不讨论了。到了晚上七点管家没来，八点管家没来，九点管家还没来。十点了，她们俩决定亲自去看看管家怎么了。到了管家房间，看见管家躺在床上，喝醉了。

"约翰，出什么事了？"

"天呐，我受够了你们的茶！"

不要在小事上浪费时间

一个贫穷的人被请去见一个有名的公证人。

公证人说："先生，你已故的叔叔给你留下了三栋房子、二十万英镑的现金和一条猎狗。"

他一边抽烟一边严肃地问：

"我想知道，狗是纯种的吗？"

注意协议中的限制条款

一个领主要出门，仆人送他时说道：

"先生，如果夫人派我跟着你，请告诉我不需要去哪里找你。"

我们有间接证据

法院里正在审理一起两百万美元的贪污案，快要开庭了，律师还没来。

法官问："被告，你的律师呢？你要自己给自己辩护吗？"

"法官大人，一旦我的律师确定不是我贪污了那两百万美元，他就拒绝为我辩护。"

任何情况都有解决办法

两个律师坐在咖啡馆的一张桌子旁，拿出三明治。

店员说："对不起，我们这里不允许顾客吃自己带的食物。"

两个律师互相看了看，耸了耸肩，交换了三明治。

我建议换个话题

法官对被告说：

"现在，请被告解释一下为什么潜入房子，只拿走了东西和钱，却没碰那套钻石首饰。"

"行了，法官大人，您就别挖苦我了，我妻子在家已经问过我这个问题了！"

看来情况对你们不利了

一个小男孩走到警察面前说：

"警察叔叔，院子里已经打了半个小时架了！"

"那你为什么不早点儿告诉我？"

"因为一开始我爸爸占上风。"

平静的海面下隐藏着惊涛骇浪

孩子在隔壁房间里坐着，他们越安静，隐患就越大。

用幽默的方式给对方建议

所有事情的开始都是思考，而一切行动之前的都是建议。

你是否遇到过，明明自己的建议很好，却不能被他人所接受的情况？这或许并不是建议本身出了问题，而是给出建议的方式出了问题。

有研究发现，三个因素有助于建议被接纳。一是获得建议的成本很高。二是提供建议的人有丰富的经验，并且对建议的内容拥有极大的信心。三是积极的情绪，如果决策者非常开心，则更有可能接受他人的建议。

因此，把一段幽默的小故事融入你的建议中，让他人先对你产生好感，从而愉悦地接纳你的建议。

多不一定意味着好

同事问一个新员工：

"你为什么这么难过啊？"

"我家生了个儿子。"

"你儿子叫什么啊？"

"路易十四。"

"为什么叫路易十四啊？"

"因为他是我的第十四个儿子。"

向别人认错是件好事儿

就像我认识的一个女人说的，家里没有什么比一个会认错的丈夫更有用的了！

发言之前，先了解一下主题

老师对学生说：

"我们今天要测验。"

"能用计算器吗？"

"能。"

"能用三角函数表吗？"

"能。你们记下，题目是'试论废除农奴法'。"

另辟蹊径

"你们知道怎么用一张请假证明让所有人都休息吗？"

"凑钱给领导买张票，让他去旅游。"

不要忘记自己的初衷

三个男人在追火车，有两个人及时跳了进去，第三个人停下笑得前仰后合。

执勤员问："有什么好笑的？"

"那两个傻子其实是来送我的！"

更多的信息不一定更好

有个男人卖狗，买家问：

"它健康吗？"

"健康！"

"它聪明吗？"

"聪明！"

"真的吗？"

"当然，这是我第五次卖它了。"

不要掩盖真实意图

两个先生在晚宴后谈话：

"先生，为什么你总是亲坐你左边的那位女士的手？"

"你看，先生，我忘记带餐巾了。"

你不应该习难别人

法庭上律师问：

"医生，你解剖尸体前检查脉搏了吗？"

"没有。"

"你量过血压了吗？"

"没有。"

"你检查呼吸了吗？"

"没有。"

"所以当你解剖的时候，病人可能还活着。"

"不可能。"

"你怎么这么肯定，医生？"

"因为他的大脑在我的桌子上。"

"但病人可能还活着？"

"嗯，可能他那会儿活着，现在不知道在哪儿当律师实习呢。"

外表可能具有欺骗性

隔壁班传来的噪声妨碍了老师上课。老师走过去，把大喊大叫的人带到自己班来。隔壁班安静了。过了一会儿，有人胆怯地敲门，门口站着一个隔壁班的学生，他说：

"老师您好，您能把我们的老师还给我们吗？"

有时次要原因会大大影响结果

"做两份工作挺好。"

"为什么？"

"钱多。"

"是收入多吗？"

"是没有时间花钱。"

数量不代表实力

伐木工拿着他的电锯下班了。当他被六条恶霸犬袭击时，电锯赢了。

让我们把细节放在一边，先谈要点

"我的电脑不能用了。"

"你按这个大的开机键了吗？"

"按了。"

"你插插头了吗？"

"我拿个手电筒看看……"

"拿手电筒做什么？"

"停电了。"

牺牲小的来保全大的

一个聪明的丈夫会让妻子知道他的小金库在哪儿，这能提升妻子的信任感，维护女性自尊心以及提高大金库的安全性。

让我们走极简之道

女性选择洗发水的标准：品牌、效果、气味、成分、颜色、质量、包装设计、广告、口碑。

男性选择洗发水的标准：只要包装上写着"洗发水"就行。

用幽默的方式劝对方冷静

幽默将灵魂带离深渊，教会它如何处理悲伤。

当一个人陷入紧张、焦虑、生气的情绪时，人体内的交感神经系统会做出一系列的反应，例如心跳加速、呼吸急促、肌肉紧绷、血压升高、肾上腺素飙升，进而做出不计后果的冲动行为。

最好的办法是，用你的幽默快速转换话题，分散对方的注意力，帮助对方从不好的情绪中解脱出来。

这种缓解对方不良情绪的幽默，可以令对方对我们产生积极评价，增加他与我们沟通的意愿，最终让双方在沟通中都能得到一个满意的结果。

控制住自己

一位智者给大家讲了一个笑话，所有人都笑得前仰后合。过了几分钟，他又给人们讲了同样的笑话，只有几个人笑了。当智者第三次讲这个笑话时，大家都很困惑。智者微笑着说：

"你们不会为同样的笑话一直笑，那为什么总为同样的事情哭呢？"

这没有恶意

"你怎么认识你妻子的？"

"偶然，不怪任何人。"

四种朋友

有人问智者："有多少种朋友？"

"四种。有些朋友就像食物，你每天都需要他们；有些朋友就像药，当你情绪低落的时候去找他们；有些朋友就像疾病，他们会主动找上你；但是也有像空气的朋友，你不常见他们，他们却无时无刻不与你的心同在。"

形式糟糕并不意味着内容糟糕

一个年轻的编剧写了一部电影剧本，并把它拿给好莱坞的一个电影老板。读自己的作品时，他激动得磕磕巴巴。

"好吧，我要这个剧本。"

"我不明白，你喜欢这个剧本的哪里？"

"因为它太棒了，每个角色都口吃。"

请先认真阅读内容

一个好莱坞明星对他的朋友说："我给你买了一本书作礼物。我觉得这是一本教跳舞的书，叫《舞动吧，奥利弗》[①]。

我们得到了需要的支持

一个年轻人对教授说：

"教授，我要向你女儿求婚。"

教授答道："年轻人，我必须从巨龙那里得到答案。"

年轻人说："没这个必要，我已经得到了你妻子的祝福。"

少数人更接近真相

两头奶牛对话：

"知道吗，我觉得人类喂我们的唯一原因就是想把我们的奶榨干，然后再杀了我们吃肉。"

---

① 即 *Oliver Twist*，中译名为《雾都孤儿》，英国作家查尔斯·狄更斯的长篇小说。Twist有扭动身体、旋转之意。——译者注

"放弃你那愚蠢的阴谋论吧！否则你会成为牛群里的笑柄。"

有经验的人不容易被愚弄

一个男人喝醉后回家，为了不让妻子生气，看着挺聪明地往沙发上一坐，并打开笔记本电脑。

他妻子进来说：

"你又喝醉了？扣上行李箱，上床睡觉！"

有时候，假装忘记是件好事

丈夫下班回家，问妻子：

"怎么样啊，亲爱的，今天都干什么了？"

"挺好的，亲爱的，我煮了罗宋汤，烙了肉饼，擦了擦窗户，给孩子们洗了洗衣服，现在坐在这里织袜子呢。明天如果你再忘交网费，我就整死你这个混蛋！"

总有一天你会需要我们

一个男人打电话到医院。

一个可爱的女人接起电话："说吧，听着呢！"

"你好！是前台吗？"

"这是太平间。"

"对不起，我想我来得太早了……"

"没关系，我们会等你的。"

同一件事，对有些人是失败，对有些人是快乐

"喂，是电台吗？能给我们的老板来首歌吗？点一首《我漫步在莫斯科》，昨天他的驾照被吊销了。"

这句话应该用另一种方式来理解

街上，一个漂亮的女人走到一个男人面前说：

"你好，我感觉你像是我其中一个孩子的父亲。"

他吓坏了："我？"

"冷静点，"她说，"我是老师。"

一切都在对比中知晓

一个病人去医院问诊：

"医生，我的鼻子堵住了！"

"没事的。我的别墅、车和房子都抵押了，但生活依旧正常。"

要学会承受打击

有一个关于数学分析的讲座，老师把定理的论据写在黑板上，但他脑子很乱，暂时还没把论据理顺。这时最后一排的学生在打牌，其中一个出错牌了，另一个对他大喊：

"你长脑子了吗？"

"冷静！我是老师，我找到了解题办法，现在就给你们讲。"

这是一个意想不到但正确的答案

"世界上第一位女飞行员是谁？"

"巫婆！"

第三章　幽默有方，让事情办得更顺利

值得荣耀的不是战胜，

而是说服。

幽默是一种心理影响

我们可以抵抗军队入侵，却不能抗拒思想的入侵。

幽默可以产生心理影响，能让对方更容易接受我们的观点。

在我的《心理影响力》一书中，我提出了一种论证和验证心理影响的普遍模型：

引入交际 ✚ 背景因素 ✚ 作用目标 ✚ 动机

我来解释一下模型中每个模块的内容。

引入交际：向对方提供信息，目的是根据自己的需求来影响对方，从而将沟通引向特定的方向。

背景因素：根据对方的意识状态、行为和固有的自主性，营造良好的外部环境（心情、信任度、地位、吸引力等）。

作用目标：它的现实需求表现出倾向、欲望、爱好、信念、理想、感受、情感等，是对方的动机来源。

动机：激励、推动对方按照自己设定的方向来采取行动（决策、执行等）。动机可能是引入交际、背景因素及作用目标的综合结果，或是通过特定的方式来实现，如：推动参与对话的人所需的心理机制，直接实现适合角色分配的理想动机，创建脚本，让对方加入相应的或是对他有意义的小组，运用临界行为，等等。

根据这种模式，在沟通、办事的过程中使用幽默的情节，可以有效吸引对方，并为他们提供有利的背景因素，令他们心情愉快。

幽默满足了对方所需要的积极情绪，使对方的心情愉悦。当对方不介意接受我们的观点时，幽默的表达足够说服对方，帮助我们把事情办成。

幽默说服的十四条"上上策"

> 对我们来说最令人愉快的话语，是那些能让我们学到东西的话。

我们在使用幽默时，应该遵循一些普遍规则。本节主要介绍这些"上上策"。

第一条：荷马规则

论点顺序会影响它们的可信度。有力论据和一般论据是最有说服力的论据。

通过这条规则可以得出结论：最好不要使用无力论据。当你在准备过程中发现它们时，不要使用它们来说服他人。使用它们弊大于利。

事实上，不管一个人是否赞同你，他都会更关注你论据中的薄弱环节。因为他的决定如果对你有利，他就要承担可能产生的后果（这可能对他不利）。所以，对他来说重要的是不能犯错。有利的结果并不取决于论据数量，而是取决于论据是否有足够的说服力。

你不应该从请求开始，该从论证开始。没有论据的请求很有可能会遭到拒绝，并且之后都不再被接受。

有一个非常重要的情况需要注意：同样一个论据，有人认为它很有力，有人认为它不那么有力。因此，必须从被说服者的角度来定义论据的说服性。

第二条：苏格拉底法则

想得到对你来说非常重要的问题的肯定回答，就把这个问题放在第三位。在回答了两个简单的问题之后，他会毫不犹豫地回答"是"。

这条法则有2000多年的历史了，直到最近才有人解释该法则有效性的深层原因。

事实证明，当一个人说或听到"不"的时候，会分泌一种叫肾上腺素的荷尔蒙，让其处于斗争状态。相反，当一个人听到"是"这个字时，会分泌一种能使人心绪放松的血清素——快乐荷尔蒙。

一旦两次获得了快乐荷尔蒙，对话者就会放松、舒适，心理上更容易接受，而不是进入战斗状态。

一份快乐荷尔蒙可能还不足以改变交谈者所处的不佳的心理

状态。此外，人也不能一瞬间就从一种情感状态进入另一种情感状态，要做到这一点，你必须给他更多的时间和快乐荷尔蒙。

预置问题必须简短，不要让对方感到厌烦，也不要占用他们太多时间。除此以外，如果谈话的准备工作时间太长，外来干涉的可能性就会越来越大，反而会对你不利。

第三条：帕斯卡规则

不要把交谈者逼到死角，给他一个挽回面子的机会。

很多人不同意我们的观点，是因为在他的意识里，同意在某种程度上意味着自己颜面扫地。

例如，公开威胁被视为挑战，为了不显得懦弱，人们甚至不惜对自己不利，也要与说服自己的人对着干。

当有人在某事上拆穿自己，让自己尊严受侮辱时，同意他人的观点对他来说就意味着对自身人格的差评。

帕斯卡说："没有什么比光荣地投降更能解除武装了。"这话告诉你如何使用这个规则。给交谈者一个能体面地摆脱困境的解决方案，这能帮助他接受你的观点！

第四条：形象和身份很重要

试想，当权威、受尊重之人和平凡、不受大家待见之人同时试图说服你，你会更信服谁？

丹麦哲学家克尔恺郭尔在他的一本书中讲了一个故事：马戏团突发火灾，团长派了个小丑去跟观众说，观众听到火灾的消息时哈哈大笑，没有离开座席，结果很多观众被烧死了。

事实上，第四条规则适用于那些要求一个受人尊敬的人为他们说句好话或引用别人的权威观点来论证自己的观点的人。

身份即社会地位。学生、副教授、教授、院长、校长、工人、车间主任等，这些都是身份。如果身份能回答"是谁"这个问题，那么形象就可以回答"什么样"的问题，如：好或坏、聪明或愚蠢、英俊或丑陋等。

拥有较高的职位或社会地位，在某个领域取得过杰出的成就，受过高等教育，得到公众认可，拥有良好的个人素质，都能提升一个人的地位并改善其形象，也能增加其论据的价值和分量。集体的支持也能提高个人地位，因为集体地位高于任何成员的地位。

生活中，学生的形象规则正如有经验的高年级学生所说："首先你要考一个好分数，然后好分数再效力于你。"

必须考虑到某些事实和证据，它们表明对身份的看法可能随情况而发生变化。

比如议会选举前夕进行的民意调查显示：选民偏爱男性而不是女性；偏爱中年人，而不是年轻人或老年人（候选人其他条件相同的情况下）。

在其他条件相同的情况下，身体健壮的人往往被认为是一个更可靠、更值得信任的人。回想一下，人们怎么定义这些人：外表使人产生好感的，有感染力的，等等。

如果三个年龄相仿的人走在一起激烈地谈论着一些事情，我们可以断定处于中间的是领导者。这样的位置对每个人来说都是最方便的。领导人可以平等地接触到每个人（不需要通过某人），而其他人也觉得离领导很近。

第五条：不要让自己陷入困境，不要贬低自己的地位

很多谈话还没来得及开始就已经结束了，尤其是对话双方有着不同的地位的时候。典型的就是"自杀式"的开始："对不起，没打扰到你吧？""我能否再听一遍……""如果你有时间听我……"不确定性的自我贬低，往往与地位低下有关。所以应避免毫无理由的道歉，因为它是自我怀疑的表现。

通常情况下，一个人失败、鲁莽的言论会把自己逼得走投无路。举个例子：

好心人劝醉汉戒酒，醉汉说："对我来说戒酒太晚了……"好心人说："不，永远都不晚。"醉汉回答道："如果永远都不晚，那……我再喝……"如我们所见，好心人把自己逼到死角了。

父母让男孩照顾小妹妹，邻居开玩笑让他把妹妹卖给她。那个小男孩一开始不同意，但当他厌倦了照顾孩子时，他带着小妹妹找到邻居。"我没钱。"邻居说。男孩毫不犹豫地建议她："你可以借

点钱。"邻居无意的玩笑让自己陷入了困境。

第六条：不要贬低对方的地位，也不要损害对方的形象

任何不尊重或忽视对方的行为都是对其地位的侵犯，通常会引起负面反应。指出对方的错误会损害对方的形象，往往会引起争论或冲突。

如果必须指出错误，最好既让他们承认错误，又不伤他们的面子。例如："你似乎不知道一些情况……（罗列这些情况）""考虑到你的看法和这些情况，你不觉得我们能得出以下结论吗……"

可以有指向性、人为地提高或降低地位。例如，办公室主人通过家具的规格、陈列来提高自身地位和对来访者的影响。高座背的转椅突出了坐在上面的人的崇高地位——通过高椅背区分国王、教皇和法官并非偶然。提高地位，还可以加大椅子其他部位的尺寸：座椅宽度、椅子腿长度。旋转座椅意味着更大的权力与自由：更少做表达情感、表达对谈话者的态度的手势（椅子的旋转掩盖了他的动作）。

如果他的椅子离办公桌很远，拜访之人则觉得自己不那么重要。如果他没坐转椅，而是坐在没有扶手的凳子上，这种感觉就会更强烈。其他行为也会降低访客地位，例如窝在沙发里、伸手去拿烟灰缸等。

接待访客的领导和员工不应忘记，贬低他人的地位通常会让人感

到痛苦。

第七条：给对方留下一个好印象

商业对话的第一部分是建立信任。正如我们看到的，它与我们所讨论的规则非常一致。

亚里士多德指出，演讲者个人的高尚气度是最有力的说服手段。当然，人格魅力本身并不能证明什么，也说明不了什么，但实际上它可以迷惑、收买听众。毫无疑问，亚里士多德是对的，一个不能得到尊重的人是无法得到信任的。著名演说家西塞罗也指出，演讲者应该给人留下一个好印象。

这条规则的机制和苏格拉底法则一样：令人愉悦的交谈者能刺激快乐荷尔蒙的产生，不会引发别人产生冲突的意愿，而令人不悦的交谈者则相反。

众所周知，尊重，倾听，良好的语言，良好的举止和外表都能让对方产生好印象。

第八条：不要从分歧开始，要从观点一致的地方开始

如果你想说服别人，不要从有分歧的地方开始，要从你们观点一致的地方开始。

如果你完全不同意他的任何观点（当然，这很罕见），至少要感谢他明确表明了自己的立场，并表示你有兴趣了解他的观点等。

但在那之后不应该说"我对这个有其他看法"，这种话会伤及对方的自尊心，会让你们分道扬镳。一旦说了这样的话，就好像在说："现在我要证明我比你聪明。"

任何人都更愿意倾听那些赞成他、与他的观点不矛盾的话。相反，当听到和我们的意见相矛盾的话时，我们会很生气。第一类说话的人是令人愉快的交谈者，而第二类说话的人则是令人不悦的交谈者。

第九条：与对方共情

共情是用感同身受的方式去理解他人情感状态的一种能力。共情有助于更好地理解对方。

不能共情，就不能执行第一条"上上策"（荷马规则）。当然，我们应该审度论据的力度，设身处地为交谈者着想。同样，涉及苏格拉底法则和帕斯卡规则时，也需要预判交谈者对你所说的话会产生什么反应；换句话说，要同情他。

还要从交谈者的角度合理地评估地位（见第四条规则和第六条规则）。说到博得听众好感的方法，亚里士多德同样呼吁要有同情心。

共情意味着关心交谈者，尤其是关心他们对你说的话。下一条规则讲述这点。

第十条：当一个好的倾听者

在详细分析争议时，我们弄清楚了一件事，即很多人被激怒是因为他们在谈论不同事情，但彼此都没意识到这点。因此，仔细聆听是你说服对方的保证。如果不理解交谈者的思维方式，你就说服不了任何人。此外，好的倾听者会博得交谈者的好感，即遵守第九条规则。注意，我们是听我们想听到的，而不是他们说的，认真听是听出弦外之音。下面的故事是个很好的例子。

有一个女人去看心理医生，她想咨询一下要不要嫁给向她求婚的人。在医生问她喜欢他什么地方、不喜欢他什么地方的时候，这个女人说："为了盖住秃顶，他把头发从一侧梳到另一侧，即便如此，他还是对自己的秃顶感到很生气、很沮丧。不过没关系，他和我在一起就不需要做这样的掩饰了。"

这表明这个女人实际上已经自己解决了问题，去寻求建议不过是为了证实她的成熟决定。不管别人的建议是肯定的还是否定的，她思考后都会答应嫁给他。

第十一条：避免冲突

能够导致冲突的话语、行动被称为冲突基因。

各种优越感、攻击性和无教养（粗鲁、威胁、嘲笑、评头论足、吹嘘、肆无忌惮、强人所难、打断别人、欺骗、隐瞒信息）的表现都是冲突基因。

这条规则属于第七条规则。事实上，冲突基因很容易被注意到，继而受到反击，因此谈话变成了争吵。

第十二条：正确理解对方

最常用的词往往有很多含义，它的意思取决于上下文。这有时候会让交际，尤其是口头交际变得困难。

举个例子，儿子问母亲"我从哪里来"，母亲的回答成了人类繁衍的讲座。但其实儿子只是听到邻居说他来自戈梅利（白俄罗斯城市名称），想知道自己来自哪个城市。

很多情况下，争论的人只是对争论对象的理解不同，于是就有了这样的结果：一个人说东，另一个人说西。不能明白对方，所以难以达成共识。

有一些可以用来检测相互理解程度的简单话语："我的理解对吗？""换句话说，你认为……？""您说的可能是……？"有时候还应该再问一下："您是什么意思？""您能详细说明一下吗？"

在科学辩论中，没有人能够超越伽利略·伽利雷。他一开始就比对手更清楚地表达了他们的观点，然后再彻底破坏他们的观点——在辩论方面他是当之无愧的人师。

第十三条：注意自己和对方的面部表情、手势和姿态

我们常常不知道对方对我们所说的话是否为真心话。我们的交谈者并不总是直爽的，有时候我们也不直爽，在这种情况下，手势语和体态语可以帮助我们说服对方。问题在于，不像语言和面部表

情，我们没有意识到也未能控制我们的手势和体态。

然而，如果我们的手势和体态与我们所说的话不一致，我们就会显得没有说服力。很多人在说"我觉得，这有点不那么……"的时候，他们就感觉到了这种不一致。

一个懂手势语和体态语的人不仅会读出交谈者的内心，获得更多信息，还能知道如何使用这类语言让自己的话更有说服力。

第十四条：了解对方的根本需求

按照马斯洛的说法，人的需求分五个层次：

1. 生理需求（如食物、水、睡眠、住房、健康等）；

2. 安全需求（如人身安全、生活稳定等）；

3. 社交需求（对家庭、友谊、社交群体的需求等）；

4. 尊重需求（需要别人的认可等）；

5. 自我实现需求（发挥潜能、实现自身价值等）。

人需要满足所有这些层次的需求，这是找到强有力论据的源泉。

能够满足以上所列出的某种需求，就能拥有强有力的论据。例如，谈论风险和危险时，恐惧会一直影响人。整个保险业就建立在该原则之上，充分利用人们的安全需求。

说话、办事还应注意的一些技巧

主动和被动规则

我和我的学生多年来执行上述规则的做法表明，通常遵循以下两条原则就能取得成功：

· 不违反任何一条消极规则；

· 运用一至两条积极规则。

我们把违反它可能会破坏说服过程，或是削弱说服效果的原则称为消极规则。第三条、第五条、第六条、第七条至第十三条以及第一条规则中的"你不应该从请求开始"都是消极规则。

把可以提高说服者地位的规则称为积极规则。第一条、第二条、第四条、第十四条规则属于积极规则。

第七条至第十条规则既是消极的，也是积极的，我们称为消极—积极规则。

这些规则大大提高了我们说服别人的能力，为我们提供了取得积极结果的最大可能性。但是当你不能说服别人的时候，这些规则还有用吗？是的，有用。

将自己置于被说服人的位置进行设问：要是我自己的话，会不会同意这个提议？这种方法能让我们快速地更正说服目标，用可实现的目标取代不可实现的目标。

除了所列举的一般规则之外，还可以提供一些有助于说服的额外建议，有些建议可以从这些规则中分离出来，其他建议则为使用这些规则铺平了道路。

适当的反问比正面说服更有效

当问题能够为对方指明意向，还能避免直接说服带来的纠缠不休时，提出一个明确的问题可能是最有力的论据。历史为我们留存了很多类似的例子，下面我们举一个。

亚伯拉罕·林肯是一名律师，当时他正在起诉试图禁止修建密西西比河大桥的轮船公司。在他简短的讲话中，他问法庭，公民在河上游玩的权利是否比过河的权利更大？这个反问句决定了大桥修建者的胜利，尽管他们的反对者提出了许多有力的论点。林肯使用了第十四条规则：在这种情况下，它满足了人类最基本的需求之一——出行自由的需求。

使用语言炸弹

在沟通时，对方必须高度集中注意力才能接收你的论点。吸引别人、让别人关注并不容易。这里最有效的方法之一就是出其不意的说法——语言炸弹。例如："我要是你的话，我的第一个想法就是把这些建议都扔进垃圾桶，不去考虑。但万一这些建议有点用呢？"

记住关键词

通常情况下说服不是在纸上进行的，应该记住某些瞬间，这些瞬间就是关键词，它们可以成为说服的框架。

关键词的另一个用途是对交谈者产生情感影响。你必须事先选择几个词，而且在交谈时一定要说出来，它们会帮你与交谈者产生共情。事先写下来有助于你记住关键词。

让交谈者知道你是从他那里得到的这个想法

原因之一是可以提高交谈者的地位。

原因之二是人们对自己的想法比对别人的想法更关心。

如果交谈者没说过类似的话，或者引到他说的话题上看上去不自然，那么把他引到感兴趣的话题上之后，你可以说是他的观点让你有如下想法……这种情况用共同完成代替独自完成，通常足够让人倾向于赞同你的观点。

与主要反对观点做斗争

攻击次要反对观点是在浪费时间。在主要反对观点被推翻之前，交谈者都将保持坚定。因此，必须从对你的建议持负面态度的主要原因开始反驳。可以从以下迹象来判断什么是主要反对观点：说的时候更情绪化的、说得更多的就是主要反对观点。

如果别人不听你说……

如果别人不听你说，那你说一半就停下来，这会引起别人无意识的注意。说到没人听了，你就贬低了自己的地位，这违反第五条规则。如果我们不尊重自己，没有人会尊重我们，也不会考虑我们的观点。

尽可能简短

不要用长篇大论占用别人时间。长篇大论是不自信的表现。

记住："射得太多的人不是射手，说得太多的人不是演说家。"

曾经有人对一个总是滔滔不绝的演说家说："你演讲的开头我们忘了，中间部分令人痛苦，只有结尾让我们高兴。"

想办法接近交谈者

接近交谈者最普遍的方法就是回忆交谈者的爱好、兴趣。谈论一个人喜欢的事情和爱好是打开他心灵大门的钥匙。这当然需要做一些准备，首先，需要提前了解对方的爱好；其次，为这个话题做准备。这样不仅能引领谈话，还能与对方呼应。

谈论对方的兴趣，可以让我们很容易成为令人愉悦的交谈者，第七条规则是我们的帮手。

用行动模拟来支持观点

行动比语言更有表现力，《汉书》道："百闻不如一见。"

例如说到论敌的要求过分了，可以通过掰尺子来阐明这点——再用力，它就会折断。

适时保持沉默

古代最著名的演说家之一西塞罗说："沉默是能言善辩的艺术。"

这句在两千多年前就说出来的话，直到今天也没有失去意义。

从西塞罗的话中能总结出两个观点。比起言语，沉默是更有说服力的回答。短暂的沉默（停顿）有助于引起他人的注意，让他们注意停顿之后要说的话。

保持沉默，直到知道自己该说什么。

所有规则都列出来了吗？

当然，这里并没有列出所有的规则和说服方法。但我们认为，那些我们列出来的方法构成了一个基础。按照这个基础，一方面让每个人都能成功地说服别人，另一方面可以提高自己，继续前进。

什么时候使用这些规则？

尽可能常用。这样不仅会让你记住它们，而且会让你主动应用它们，最重要的是能熟练地运用它们。只有通过训练才能做到这一点。

如果你不介意的话，在重要谈话的前一天晚上，花些额外的时间来准备，这会得到百倍的回报！

每一次严肃的谈话之后，分析导致这种结果的原因也十分重要：人通常会看到自己的成功，但找到失败之处很重要，而且重要得多。

使用这些规则的禁忌

避免机械地、不加思考地使用这些规则。彼得大帝的一条著名的警告："不要死守像墙一样的宪法，任何情况下都需要脑子。"

假设你已经准备好按苏格拉底法则开始对话：你提出了两个你认为对方会喜欢并回答"是"的问题。但他的情绪非常糟糕，他说"是"的样子，好像要杀了任何一个在他办公室多待一会儿的人。很明显，你最好改天再来找他解决你的重要问题。

或者换个方式来说，当你走进办公室，发现领导的心情很好时，毫不犹豫地直奔自己的主题，一切都会成功！

第四章　笑的力量，重塑自己的幽默观

幽默是指

尽管处于不利的环境中

也能获得乐趣。

乐观主义者和悲观主义者

幽默装点我们的生活，为其增光添彩，给人好的心情、积极的情绪，这些正是一个人最重要的心理需求。

幽默还可以帮助我们深入困难本身，而不是无视它。在危急情况下，幽默的作用尤其显著。幽默常常在紧要关头拯救人们。这样的情况不只出现在戏剧性的场景中，还出现在日常生活中。例如，家庭争吵发生时，或在工作中出现紧急情况时，我们可以不止一次体会到，保持幽默感有助于消除冲突和集思广益，使人在意识和意志力几乎被麻痹的恐慌边缘恢复镇定，保持清晰的思考。

你是否见过这样的场景：在高级办公室里正在进行一场工作汇报。其中一个汇报者头顶早已乌云密布，等待着他的是最为严厉的惩罚。他在为自己辩护，某一刻他成功的玩笑迎来了在场所有人的欢声笑语。好像太阳从厚厚的云层后探出了头，乌云顷刻间消散，取而代之的是轻微的指责和新的任命。

通过人们解释问题原因的方式，我们可以轻松地划分出幽默的两种形式：

一是拥有即使在不利的情况下也能发现快乐的能力。

二是在科学的认知下自然形成的乐观主义，为原本存在的事实感到高兴。悲观主义者总是浪费大量的时间考虑怎样从困境中脱身，而不关注正在从事的工作本身。

如果我们用幽默感来应对个人的不快，那么我们就会超越问题本身。成功度过生活中黑暗时刻的人们都知道，在困难中发现幽默的能力是突破困境的必要条件，就像凤凰浴火重生一样。

放松紧张的神经是幽默的重要作用之一。正如高尔基所说："好的玩笑能治愈心灵。"尽管饮酒等其他手段也能使人放松，但后果可能会不堪设想。

没有整天愁眉苦脸的百岁老人，他们都是幽默的高手，例如美国喜剧演员鲍勃·霍普。他曾这样评价自己："一百年来，有七十五年我都在为人们带来快乐。正是因为这些笑话，我才得以长寿。"

幽默可以缓解压力

哈佛医学院的教授乔治·韦兰特在他的著作《如何适应生活》中，列举了四十年来影响健康的因素的研究成果。他的主要结论之一是："健康的人不是承受较少压力的人，而是那些能够克服压力带来的不利影响的人。"

在严肃的生活里偶尔表现得"傻里傻气"是心理健康的表现——我们的观察和许多研究证实了这一点。莫里尔在他的书中写道："一个有幽默感的人在压力很大的情况下，可以采用更灵活的方法来解决问题，搞笑也是严肃的事情。即使他的生活没有任何改变，他的想象力和新颖的想法也不允许他在一条轨道上活动，从而使他免于沮丧。"

因此，幽默本质上是一项至关重要的技能，可以让人在十分艰难的状况中缓解紧张感，保持思想的灵活度和新鲜度，防止思维僵硬和情绪崩溃。

　　我们的压力主要来自家庭问题、工作和人际关系，与生命危险没有实质性的联系。若长期面临压力，克服压力需要耗费更多的力量、头脑和精力，会使人的身体和心理出现问题。人类为寻找消除生命危险的补救措施，进行了数个世纪的研究。这些补救措施是什么？是逃跑或者击败对手吗？这些手段在长期的压力下都无济于事。在承压情况下，任何一种应对措施都不适合，只有一个办法奏效，那就是幽默。

　　有笑声相伴的生理和心理治疗过程能起到显著的作用，笑能够使人体产生内啡肽（一种内成性的类吗啡生物化学合成物激素，有止痛作用，可以让人产生欣悦感。），可使血压正常并缓解神经紧张，能够激发理智的力量，创造性地解决各种问题。

用幽默应对生活中的困扰

有许多人被困在日常生活的忧虑中，不能一直用幽默对待生活。为什么我们拒绝幽默，尤其是在我们最需要幽默的时候？为什么在问题出现的第一时间，我们总是下意识地神经紧张而不是放松并冷静地分析事件本身？为什么每天出现的冲突会使我们如此紧张，以至于我们的第一反应是踢一只无辜的狗，或是伤害最亲近的人？为什么我们尽管知道解决问题最好的办法是开拓思维，而不是被恐惧笼罩，却还是被困扰缠绕？

事实上，首先，我们没有分析问题，没有掌握使用幽默感应对压力的有效技能。其次，我们在习惯于只以一种方法来解决问题的环境中长大。但生活中有许多无法解决的问题，这使我们在面临压力时无计可施。

幽默是一种优美的、健康的品质。具有幽默感的人，可以从容自如地面对许多不愉快的事，使不良情绪得到调节。

与任何一种艺术一样，在生活的艺术中，为了从一项技能中受益，我们必须先学习和磨炼这项技能，直到它成为一种习惯，成为生活不可或缺的一部分。只有养成了幽默的习惯，灵活思考和创新解决问题的能力才会伴随我们。

幽默不仅是一种技能，还是一种看待世界的特殊方法。要培养幽默的能力，最重要的是要多微笑，并认真一点儿对待自己（包括你的痛苦）。随着时间的流逝，我们要学会用幽默对待生活，这将有助于我们从失败的悲伤中解脱出来，成功所带来的喜悦则成倍放大。

幽默感将帮助我们轻松应对问题，在承压情况下保持创造性的思维，更有效地工作并保持健康。

幽默使人更有创造力

艾丽斯·艾森博士与美国康奈尔大学管理学院的研究生一起进行了一项研究，发现在解决问题之前，刚看完一部有趣电影的人比什么都没做的人更有创造力。

美国心理学家戴维·阿布拉米斯从对三百八十二个人的调查中得出结论：与对工作满意却看不到工作中的乐趣的人相比，将工作视为娱乐的人在职业道路上更成功，与同事相处得更好。

这并不奇怪，因为幽默本身已经是一个创造性的过程。通过幽默的方式，人们可以像在创作过程中那样，从全新的、不寻常的角度看待事实和事件本身。

幽默是创造力的摇篮，不仅可以使创造力得到释放，还可以作为热身环节融入创造过程。因此，定期进行幽默训练，有助于提高创造能力。

远离低级趣味，幽默不是没教养

幽默既可以造就信任，也可以毁掉信任。

正如弗洛伊德所说，幽默可以使某些人变得邪恶，同时又能使人保持体面和尊严。如果我们不想伤害他人，而是想以一种优雅的方式倾泻自己的怒火，则必须遵循第三章中提到的使用幽默的规则。

富勒的话令我印象深刻："敏锐的头脑应该被当作盾牌，而不是被当作伤害他人的利器。"

我们在用一个所谓的笑话愚弄他人时，想从中得到什么？我们的动机是什么？如果我们对幽默的积极性和消极性存在疑惑，那么以下幽默的善恶标准将为我们提供参考。

如果我们在乎别人的感受，那么就不要在不合适的时间讲一些低级的笑话，这种行为属实无礼。下表展示了积极的幽默与消极的幽默的不同作用。

积极的幽默与消极的幽默的不同作用

积极的幽默	消极的幽默 (嘲笑、愚弄、讥讽)
在理解中使我们的关系更加紧密	分裂关系并相互责备
帮助我们找到解决问题的办法	对找到解决方法无益
减缓神经紧张	加剧神经紧张
增加彼此间的信任	破坏彼此间的信任
使周围的人愉悦	使朋友沮丧
自嘲	一味地嘲笑别人

笑是生活中的灵药

我们只能在生活中找到可以令自己投入的东西。

有许多实验证明了笑声的各种益处，尤其是笑声可以刺激人体释放内啡肽。笑会改善我们自身的感觉，因为内啡肽能够减轻肉体和精神上的痛苦。

有研究称内啡肽可以提高人体的免疫力。当然，微笑不是唯一的手段，但一定是最经济实惠的手段。斯坦福大学医学院的专家发现，微笑治疗是增强心肌功能和使血压正常的有效方法。在其中一项研究中，有人证实二十秒的笑声对心血管系统起到的有益的作用，相当于辛苦运动三分钟。

早在二十世纪中期，就有人断言，随着喜剧演员的涌现，医生的工作量将大幅减少。大萧条期间，美国的电影院票价降低，好莱坞制作了许多轻快明亮的喜剧和音乐剧。正是在此帮助下，美国人摆脱了绝望的处境。因此，为了保持健康，改善心情，最好观看喜剧类节目。

研究发现，酗酒者将笑视为即将戒瘾成功的信号。如果一个人可以调侃最近使他感到压抑的东西了，那意味着他已经获得了自我掌控的能力，拥有了积极生活的能力。

尼采说过，笑对于人来说，是一种肯定性的力量，它包含着一种巨大的勇气，肯定个体创造的无可取代。笑还被认为是自由的体现。笑表达了我们对独立的追求，独立则有助于自我价值的实现。

当自由和独立因受到限制而无法实现时，我们就会产生压力。一项研究表明，与拥有决策权、要负相关责任的管理人员和专业人员相比，缺乏主动权且只需执行任务的秘书更容易受到与压力相关的疾病的折磨。

最大的压力来源于那些我们无法控制其发生和变化的事情，一定程度上它会使我们丧失理智。毫无疑问，为了维持健康，一个人必须在某种程度上掌控自己的生活。

笑是一种心理保护

儿童和青少年笑的次数是成年人的十倍，因为他们维持心理健康和自我保护的自然机制尚未消失。

儿童的笑不需要刻意去引导，对他们来说，笑只是自然的体现。契诃夫曾精辟地指出："没有理由的笑声是世界上最好听的笑声。"

笑是一种心理保护方法，通过以下两个事实足以证明。一是笑是一种纯粹的人类行为，因为动物的笑是不显著的。二是婴儿在被妈妈挠痒痒时发笑的频率是被其他人挠痒痒的十五倍，也就是说，即使这种由发痒而产生的纯粹生理上的笑，都与安全感密不可分，这种安全感只有母亲能够给予。

为什么我们在睡眠中不会微笑呢？很少有微笑出现在熟睡的脸庞上，如果不是因为幸福和满足而产生的微笑就不算是微笑，微笑是在表示我们自身的愉悦，而不是因为什么事情很可笑。

睡梦中没有笑声，这真的太神奇了。在梦中，有欢乐、恐惧、悲伤、愤怒，但没有欢笑。为什么？显然，因为笑是被意识操控的，而在梦中，人的意识是处于封闭状态的。事实证明，睡眠是欢笑的摇篮，欢笑是理性的特权。

第五章　多多练习，你也能成为幽默达人

为了达到目标，

你必须先于他人。

经常阅读幽默讽刺类作家的作品、观看喜剧类节目能为您提供更多笑的机会。

收集好笑的卡通作品、有趣的故事（可以来自出版物、个人经历、搞笑视频），并做成一个收藏集，把收藏集时不时地拿出来看看（尤其是当您想振作起来时）。凡是不再令自己感到有趣的东西（通常都是短暂的、保质期很短的事情），请从收藏集中移除。顺便说一句，一些著名的长寿政治家收集了关于自己的漫画（很有可能他们的幽默感使他们的政治生涯和寿命都得以长久）。

这种方法中最有价值的是对戏剧情境采取幽默的处理方式。

自己的搞笑照片可以成为收藏集中的关键作品。拿起手机，拍下自己最有趣的表情。这张照片不会被其他人看到，所以请尽自己最大的努力让照片更搞笑。您可以用手撑开嘴巴，捏住鼻子，瞪起眼睛，咧开嘴唇，也可以将手放在耳朵上假装自己是一只蝙蝠。

每当您与朋友、亲戚、同事或老板会面，虽然并不讨厌他们，但宁愿自己在亚马孙的荒野中过与世无争的日子，也不愿与他们打交道时，拿起这张搞笑的照片并想象一下，如果他们也会进行这样的尝试，他们的照片会是什么样的。

　　这些照片可以帮助您恢复幽默感。我们在害怕什么？幽默能一次性击倒所有傻瓜，没有任何人能躲过。

　　一些在公开演讲时会感到紧张的人，将这样的照片放在自己面前的讲台上，以获得自信。在困难时期，这样的照片会让您对当前所处的情况保持乐观的态度。

　　如果您认为这种方法很奇怪，请相信我，许多人一开始都这么认为，但他们采用了这种方法并获得了令人满意的结果；否则，这种方法早就被舍弃了，但它如今仍然有效，因此在此推荐给学习幽默的新手。

　　请注意：这是双赢的事情。您不仅可以训练自己的幽默感，还可以让自己拥有好心情。

训练技巧

只拥有一个好的头脑是不够的，还要很好地运用它。

机智是能在不同事物之间找到相似性的能力。此外，机智被定义为思想的碰撞，能在无稽之谈中发现有意义的想法，突然理解隐秘事情的能力，等等。

我们现在将注意力转移到下一个问题：一个机智的人不仅能看到解决问题的最明显方法，还能看到解决问题的其他途径。我认为，这是机智的主要标志：在事件末尾不经意引起人们的笑声。在一些有趣的传闻中，最后一句话（或最后一个动作）总是出人意料的。

这种情况下可以创造无数的锻炼大脑的机会。用一个有趣的故事作为文本，在不了解故事结尾的情况下，进行猜想，列出可能的结果。在给定情况下，您可能会想出一种甚至多种巧妙的结尾。为了使您不在寻找文本上浪费时间，我使用了普尔科夫尼科夫的培训材料。（为此向他表示感谢。）

阅读故事，猜想各种不同的结尾并写下来，使它们尽可能出乎意料和有趣。然后将您的答案与参考答案进行比较，看看哪一个更好。您可以邀请亲戚、朋友、同事来进行评价。

请注意：为了避免自己偷看答案，不要长时间思考，而是要随机给出答案。

祝您成功，心情愉快！

下面，让我们开启幽默感训练吧！

训练材料

请在下划线的位置写下您的答案。

1▶ 安东回家。妻子轻吻他，说："亲爱的，我本来不想提前告诉你，但是现在我可以十分肯定地说，我们家很快就会是三个人了。"

"哦，太好了！"安东激动又高兴地喊道，"但是你确定吗？"

"我非常确定，亲爱的，因为_____"

2▶ 善妒的妻子每天都会检查丈夫的外套，每发现一根头发，都会十分生气。一旦找不到一根头发，她就大喊：

"这就是你做的？康拉德！_____"

3▶ 一对年轻人去登记结婚，工作人员问："您为人生中的这重要一步做好准备了吗？"

"当然，"新郎回答，"我们＿＿＿＿"

4▶ 一个人打电话报警："您能派人去某某大街8号吗？那里有妻子家暴丈夫，邻居们很担心！"

"我们会派人过去。你是邻居吗？"

"＿＿＿＿"

5▶ 车站里有个时钟。一位男士起身，从口袋里掏出笔和笔记本，记下了时间。

"这是在做什么？"有乘客对此很好奇。

男士解释道："我没有手表，但是＿＿＿＿"

6▶ 一个喝醉了的人正绕着木桶走，手扶着木桶的把手。

有人走过去问："您在做什么？"

他回答道："我要回家，我家在＿＿＿＿"

7▶ "小伙子，你急着去哪儿呢？"

"去看展览。"

"＿＿＿＿"

8▶ "您买花给谁啊？"

"送给布朗夫人。"

"多漂亮的花啊！她一定会很开心。"

"恐怕不会，因为我_____"

9▶ 约根森认为，他的新任主治医师诊断太过草率。他第一次去看诊时说他嗓子疼，扁桃体立即被摘除了。第二次他说肚子疼，医生立即切掉了他的阑尾。当他第三次去看诊，医生问："您这次哪里不舒服？"约根森拒绝回答，因为_____

10▶ 电话里传来一个女人的声音：

"喂？亲爱的，我有一个好消息要告诉你，我们要有孩子了。"

"_____"

11▶ 老板对员工说："你怎么又在工作的时候睡着了？不觉得羞耻吗？现在你有足够的时间回家里睡觉了。"

"时间是足够了，但是_____"

12▶ "如果你不好好吃饭，我就把老妖婆叫来。"

"妈妈，难道你觉得_____"

13 有三个女儿的父亲对年轻人说：

"你想娶我的小女儿为妻？我同意，但是你将什么都得不到。但是如果你愿意娶我的二女儿的话，我会送你一辆车；当然，如果你娶我的大女儿的话，我会给你更多的东西。"

年轻人稍稍考虑了一会儿，问道："_____"

14 曾经，一位老猎人讲述他在印度的冒险经历："我和老虎搏斗，用大马士革刀一刀割断了它的尾巴。"

一位听众问："为什么不是头？"

猎人说："_____"

15 "对不起，这个月我没有钱交房租。"

"你上个月就是这么说的。"

"_____"

16 "彼得，你爸爸会骂你吗？"

"不会，我是他十个儿子里最小的一个，_____"

17 "承认吧，孩子，是你打破了窗玻璃吧？要知道，坦白从宽。"

"我能不能_____"

18 "我实在不明白，您一天内怎么能做出那么多荒唐事？"

"＿＿＿＿＿"

19 "我丈夫从来没这么晚都不回家。我担心他是不是外面有情人了。"

"干吗把他想得那么坏啊，也许他＿＿＿＿＿＿"

20 在一家意大利餐厅里，顾客结账时被账单吓到了。

"一顿晚餐一万欧元？不知道您会不会给自己的'同行'打个折？"

"您也是服务生吗？"

"不是，我＿＿＿＿＿＿"

21 "妈妈，给我一美元。"

"孩子，你要钱做什么呀？"

"给那个在街角大叫的可怜人。"

母亲对儿子的善良非常满意，给了他一美元后问：

"那个人为什么大叫啊？"

"＿＿＿＿＿"

22 "您对新公寓满意吗？"

"我最喜欢的是它有很多壁橱。"

"什么呀，那不是壁橱，那是_____"

23 "买张彩票吧，大奖是一辆轻型汽车。"

"我要汽车做什么？"

"还是买一张吧，_____"

24 在等待医生看诊的过程中，一个患者谈起了接种疫苗的好处。

另一个患者说："都是扯淡。去年夏天我接种了疫苗，第二天就摔断了腿。"

另一个患者同意道："一切都有可能，毕竟_____"

25 "前些天我把醉酒的丈夫臭骂了一顿，然后他三天没跟我说话。但是昨天，感谢上帝，他终于跟我讲话了。"

"他说什么了？"

"他问_____"

26 妻子下班回来，坐在沙发上，一边看着丈夫洗地板，一边说：

"亲爱的，您知道吗，有人说愿意为了我抛弃他的家人。当然，他是在开玩笑。"

"_____"

27 顾客问服务员："你们这里总是整天下雨吗？"

"我也想告诉您，但是_____"

28 法官正在审问一个小偷：

"被告是怎么打开这个保险箱的？"

"法官，我不能告诉您，因为_____"

29 两个人在钓鱼。渔业检查员快要过来了，其中一个人逃跑了。

检察员追了三千米后追上了他，并要求他出示捕鱼票。渔民拿出来给他看。

检察员很惊讶地问："那你见到我跑什么啊？"

"因为_____"

30 两名伦敦人在聊天。

"您姓什么？"

"莎士比亚。"

"这个姓很著名。"

"何止啊！_____"

31→一个没有打领带的男人想在除夕夜进入一家餐馆。

门卫阻止他："对不起，先生，我们不允许不打领带的人进入。"

"为什么啊？我刚看到有一个没有打领带的人进去了。"

"没错先生，但是他_____"

32→"除夕夜你去咖啡馆一整夜不回来，你不感到羞耻吗？我一夜没合眼。"

"_____"

33→慈善团体的代表安慰囚犯。

"当然，我知道这对您来说很难，但我希望您的亲戚至少能在新年来探望您。"

"不可能！"

"如果我没记错的话，您有五个兄弟？"

"没错，但是_____"

34→"您不断与妻子吵架，同时又得到丈母娘的夸奖，这怎么可能？"

"你想想啊，哥们，_____"

35 在剧院里，太太对丈夫低声说："卡佳，看，这个家伙在你旁边睡觉。"

"干什么啊！"丈夫抱怨，"难道就因为_____"

36 "亲爱的，我想让你告诉我你以前的追求者。"

"不可以！亲爱的，我答应了妈妈_____"

37 一个学生来租房，为了打动女主人，他说：

"当我离开旧公寓时，我的房东依依不舍地哭了。"

"这不会发生在我身上，我_____"

38 买家来到宠物商店说：

"我……我……我可……以……买一只鹦鹉吗？"

"马上出去！"卖家大喊，"你_____"

39 "所罗门王有那么多妻子，我不知道他是靠什么养活她们的。"

"我更感兴趣的是_____"

40 两个人在打高尔夫球。葬礼队伍走过去的时候，其中一个人摘下帽子默哀了几秒钟，而后继续比赛。

另一个人说："多么感人的默哀。"

"这不是默哀，而是_____"

41 两个老人追忆年少时光。

其中一个老人叹了一口气说："一个女孩为我献出了自己的生命。"

"这是怎么回事？"

"她说她宁愿跳进多瑙河也不愿意_____"

42 一个年轻的医生来到著名的作家那里，说："我为了成为作家放弃了医学。我觉得如果这样，我将为人们带来更多益处。"

"您为他们_____，已经做了很多。"

43 一个妻子说："我请您不要对我有所隐瞒，医生，我丈夫的胳膊骨折后还能不能_____"

44 住在四楼的人见到三楼的邻居很抱歉地说：

"昨天我们有些激动，骑兵中队的老同志们聚会。希望我们没有打扰到您。"

"不，亲爱的邻居，一点也不，但我只想知道你是怎样成功地_____"

45 已婚夫妇向好客的主人告别。

"这么快就走了？" 主人感到惊讶，"今天你们只在我这里待了_____"

46 "罗伯茨先生，谁让你挂彩了？"

"是我的狗咬的。"

"怎么回事啊？"

"是这样的，那天晚上回家前我没去酒吧，_____"

47 开锁的师傅尝试打开保险箱未果，最后丢下工具，擦拭汗湿的额头，烦躁地喃喃自语：

"该死，人们怎么这么_____"

48 "令人发指！你的狗吃了我的鸡！"

"感谢您的警告，它_____"

49 傍晚，丈夫紧张地在屋外走来走去。

"我很担心我的妻子。"他向邻居解释。

"她怎么了？"

"＿＿＿＿＿＿"

50 萨博第二次结婚。婚礼结束后，他告诉年轻的伴侣：

"亲爱的，现在我要告诉你，我有一个很大的缺点。"

"什么缺点？"

"我常常无缘无故地嫉妒。"

年轻的妻子迷人地微笑着说："别担心，亲爱的，你不必无缘无故地嫉妒＿＿＿＿＿＿"

51 "鲍赫先生，您真的要与妻子离婚吗？你们一起生活了二十年。"

"法官先生，依您看＿＿＿＿＿＿"

52 电影明星的两个孩子非常期待家里的第三个孩子出生。

"我想知道，"女孩说，"妈妈怎么知道她自己要生孩子了？"

"你真笨，"她的兄弟回答她，"是因为＿＿＿＿＿＿"

53 一名男子进入烟草店，对售货员说：

"请拿一双42码男式黑色皮鞋。"

"抱歉，我们店里只出售香烟。"

"你觉得_____"

54▶ 迈克经过酒吧，看到了他的朋友迪克被踢出门，瘫倒在地上。他走过去扶起迪克，同情地问：

"你被赶出去了吗？"

"胡说，"迪克结结巴巴地回答，"我只是_____"

55▶ 酒保向警察告状：

"警察，这个小人要求我免费给他威士忌。带他去警察局！"

"为什么啊？毕竟_____"

56▶ 在法庭上：

"请告诉我，您与配偶之间的争吵是从何时开始的？"

"1974年8月12日，尊敬的法官。"

"您为何这么清楚地记得日期？"

"_____"

57▶ 许多人参加了亿万富翁的葬礼。

一个年轻人痛哭流涕。

"好了好了，请节哀。"他们安慰道，"你是死者的亲戚？"

"不，"他回答，并开始号啕大哭，"＿＿＿＿＿＿"

58 "我的妻子是一个非常含蓄的女人，她从不问我任何事情。"

"我太太也是，她＿＿＿＿＿＿"

59 史密斯在吃早餐，顺便读报纸。突然间他不知所措，因为他在报纸上读到了自己的讣告。他打电话给自己的朋友："你好，琼斯！你在报纸上读到我的讣告了吗？"

"是的，"琼斯说，"顺便问一句，＿＿＿＿＿＿"

60 妻子对丈夫说：

"我嫁给你时，以为你是一个勇敢的人。"

"那时我所有的朋友＿＿＿＿＿＿"

61 一位以漫不经心著称的教授对理发师说："剪头发，谢谢。"

"很荣幸。但是您必须先摘下帽子。"

教授回头看："哦，对不起！我＿＿＿＿＿＿"

62 "告诉我，亲爱的，你爸爸在楼梯上跌倒时说了什么？"
母亲问她的小儿子。

"跳过脏话？"儿子问。

"当然啦，亲爱的。"

"＿＿＿＿＿"

63 "嗯，脉搏正常。"医生说。

"医生，请握住我的左手，因为＿＿＿＿＿"

64 门铃响了，主人打开门。

"您的浴室管道破裂了吗？"

"没有。"

"科瓦尔斯基住在这里吗？"

"不，他们两个月前搬了出去。"

"什么人啊！＿＿＿＿＿"

65 "你知道的，"一个人边说边把酒杯推向他的朋友，"我喝多后，身体上会出现青色的斑点。"

"我了解，"朋友回答，"因为＿＿＿＿＿"

66 一个人去探望生病的同事。

"现在工作忙吗？"同事声音微弱地问。

"别担心，老兄。我们决定一起处理你的工作。唯一的麻烦是＿＿＿＿＿"

67 在大街上，一个年轻人走近一个女孩：

"请允许我邀请你去咖啡馆坐坐。"

"不了，谢谢。"

"要知道，我一般不会邀请任何人去咖啡馆。"

"要知道，＿＿＿＿＿"

68 在离婚程序中，关于三个孩子的抚养权存在争议。没有人同意抚养两个孩子。最后，女人说：

"如果是这样，那就＿＿＿＿＿"

69 "您肯定想不到，我在花园挖土时，发现了一名罗马士兵的遗骸。"

"天呐！＿＿＿＿＿"

70 一个十五岁的男孩从出生起就一言不发，有一天他突然在早餐时说：

"面包烤焦了。"

"你以前怎么不说话?!"父母诧异地问。

"_____"

71 深夜，离开酒吧后，喝醉的理发师抱着他的朋友说："记住，不管发生了什么事，无论是你的房屋被烧毁，还是你的妻子要离开你，甚至是孩子生病，都记得来找我，我_____"

72 两个幽灵在古老的城堡中游荡。地板突然吱吱作响，其中一个幽灵被吓到了。另一个幽灵安慰他说："_____"

73 "您的未婚夫知道您多大吗？"

"是的，当然_____"

74 两名护士在医院聊天。

"哭声怎么那么大？是今晚出生的三胞胎在哭吗？"

"_____"

75 法官问被告：

"为什么要造假币？"

"因为_____"

76 妻子对丈夫说：

"我不明白为什么你总是晚上去酒吧？"

"不明白，不明白！那就不要_____"

77 "我的妻了热衷了吃生的。"

"是的，我妻子也_____"

78 剧作家对一位朋友说：

"想象一下，帷幕落下，观众席爆发出热烈的掌声！"

"_____"

79 "你为什么不工作？"经理问他的助手。

"昨天之后我的手总是颤抖。"

"那就去_____"

80 "你说梦话吗？"

"不，你呢？"

"我会说梦话，否则我什么都干不成。"

"为什么？"

"那_____"

81 ► 男孩喊道：

"妈妈，快点走！我放下梯子了。"

"希望你爸爸没发现！"

"爸爸已经知道了。他_____"

82 ► 出租车司机对乘客说：

"我的刹车失灵了，我们要坠入深渊了！"

"_____"

83 ► 两个朋友在聊天：

"如果我结婚，会有很多男人不开心！"

"为什么？你_____"

84 ► "医生，谢谢您的出色诊治！"

"但是我从来没有治疗过您。"

"是的，您_____"

85 ► "你跑什么啊，乔万？"

"为了阻止打架。"

"谁打架了？"

"我的一位朋友和_____"

86 一个年轻人走向一个女孩，用手遮住她的眼睛说：

"如果你猜不出我是谁，我会亲吻你作为惩罚。给你三次机会。"

"路易十四？不？维克多·雨果？拿破仑？还不对吗？"然后女孩说，"_____"

87 "我是你第一个爱上的女人吗？"

"当然。真有趣，_____"

88 一个年轻人来到他的女朋友家里。

"亲爱的，我们将度过一个美好的夜晚。我拿了三张戏票。"

"为什么需要三张票？"她问。

"因为_____"

89 一个小男孩遇到了一个姐姐。

"我看到你是如何拥抱和亲吻路易斯的！"

"嘘，别喊，这是一美元。"

"谢谢，给你五十美分。"

"给我？"

"我_____"

90 "女士，这是您的安眠药，足够您服用六个星期。"

"但是布朗医生，我_____"

91 "我不想嫁给他，"女孩担心道，"他太老了！"

"所以呢？"她的母亲说，"难道_____"

92 一个女生激动地问她的母亲：

"您认为，如果男孩在第一个晚上要求女孩提供最贴心的服务，这样对吗？"

"天呐！"母亲惊讶地说，"他对你有什么要求？"

"他要求我_____"

93 "米兰，你怎么这么高兴？"

"我怎么能不开心啊？我去看牙医了！"

"这就是你高兴的原因吗？"

"是呀！_____"

94 员工对老板说：

"如果您不给我加薪，我妻子就要离开我。我求求您_____"

95 晚上有小偷进屋。他进入客厅的那一刻，女主人用力敲了他的脑袋，小偷晕了过去。当警察到达时，小偷仍然没有恢复意识。

"夫人，您真勇敢。"

"先生，您别恭维我，我以为_____"

96 妻了对丈大说：

"我们可以去看电影吗？"

"我们已经去过电影院了！"

"对，但是_____"

97 在一家牙医诊所，一个病人掏出了钱包。

医生说："您今天不必付钱给我。"

"我不付钱。我只想_____"

98 "你是因为什么入狱的？"一个囚犯问另一个。

"因为吸烟。"

"这是怎么一回事？"

"_____"

99 "米兰，你昨天怎么不在学校？"

"老师，我姐姐结婚了。"

"好吧，只是希望_____"

100▶ "您妻子的精神病不危险，只是将会一直伴随着她。"医生说。

　　"＿＿＿＿＿"

101▶ "我一生中只有一次恋爱，而我的爱情不幸地终结了。"

　　"她嫁给了别人？"

　　"＿＿＿＿＿"

102▶ 有人在街上遇见一个醉汉，问他要去哪里。

　　"回家，我刚从新年聚会上回来。"

　　"胡说八道！现在已经是九月了。"

　　"我知道，这就是为什么＿＿＿＿＿"

103▶ "您怎么评价这位歌手？您喜欢她吗？"一个评论家在音乐会上问另一个评论家。

　　"很遗憾，我无话可说，我＿＿＿＿＿"

104▶ 丈夫把车停在一个美丽的山区。

　　妻子下车：

　　"真漂亮啊！无法用言语形容的美丽！"

　　"＿＿＿＿＿"

105→ "女儿，"父亲微笑着说，"现在有一个很好的小伙子，我可以放心地把你交给他，我同意了。"

"但是，爸爸，"女孩哭了，"我舍不得离开妈妈。"

"别怕！你可以_____"

106→ "服务员，来一杯佳酿！"

"您说什么？"

"你知道什么是佳酿吗？那是神喝的东西！"

"哦，对不起，我_____"

107→ 小安德斯和他父亲一起去看马戏。当他们回来时，母亲问他表演怎么样。

"一切都很酷，只是把刀扔向女孩的叔叔很不走运。"

"不走运？什么意思？"

"他_____"

108→ "我真愚蠢！明明有一群仰慕者，却拒绝了所有人。"妻子感叹。

"真可惜，"丈夫感叹，"_____"

109→ 一个年轻妻子向她的朋友抱怨丈夫酗酒。

"你知道他酗酒，"女友惊讶地说，"为什么还要嫁给他？"

"我不知道他喝过酒，直到有一天他_____"

110▶ 妻子对丈夫说："晚餐很快就会准备好，我让孩子们上床睡觉，把纽扣缝到衬衫上，然后我们就可以去看电影了。"

"好，"丈夫回答，"那你什么时候_____"

111▶ 索伦森在街上飞快地奔跑，后面有头愤怒的公牛在追赶他。在公牛即将追上他时，他冲进了一个院子里，用背部撞上了门，拉紧了门闩，深吸了一口气说：

"我今年已经四十岁了，_____"

112▶ "维佳，您的兄弟在哪儿？"

"他还没从音乐学校回来。钢琴二重奏演出，我们一起弹钢琴，但我_____"

113▶ 一个男子进入警察局报案，说妻子失踪了。

"她失踪多久了？"值班人员问。

"五年前失踪的。"

"五年？您告诉我们需要准备这么久吗？"

"是的，您要知道_____"

114 "为什么你老婆开始唱歌的时候你要跑到阳台去？"

"这样就不会有人误会_____"

115 "我有十个苹果，吃了两个，还剩下多少个苹果？"父亲问儿子。

"我不知道。在学校上课的时候_____"

116 一个路人问司机：

"为什么您总是在医院附近转悠？"

"你知道吗，今天是我_____"

117 "一份鸡肉卖三十法郎吗？你是不是疯了?！"顾客在餐厅里很生气地问。

"有什么问题吗，先生？"服务员问。

"你怎么能_____"

118 一辆饱经风霜的雷诺车停在禁止停车的地方。很快警察出现在汽车旁边。

"这是您的车吗，先生？"

"是我的。"

"五十法郎。"

"太好了！"车主高兴地说道，"您可以_____"

119 两个女人在聊天。

"霍尔·格尔说，如果我不嫁给他，他会疯掉的！"

"胡说什么呢！ _____"

120 史密斯对布朗说："我要以侮辱罪名起诉你。你为你的狗命名史密斯，并不断对它大喊'史密斯'，可恶！你这样显然是在侮辱我。"

"您说得不对，"布朗抗议，"我是想_____"

121 妻子在别人家做客后回来，告诉丈夫说：

"晚上一切都很好。彼得罗夫一家要求我唱歌，我同意了，我为他们唱了一段《浪漫曲》。"

"做得很好，"丈夫回应道，"我_____"

122 "医生，如果我能够好起来，我将捐赠五十万美元用于建造您的新医院。"富翁叹了口气说道。

几个月后，医生遇到了容光焕发的富翁。

"我很高兴您现在这么健康，而且我想谈谈您承诺给我的新医院捐款的事。"

"我承诺了？"富翁很惊讶，"我当时_____"

123 一个秃头男士路过药房，看到了一个关于治疗秃头的神奇药品的广告。他走进去询问这是什么样的药品。

药剂师说："这确实是神奇的药品。您需要人瓶还是小瓶？"

"谢谢，我觉得小瓶就够了，因为_____"

124 女主人雇用了一个新女佣，问：

"告诉我，亲爱的，你喜欢鹦鹉吗？"

"别担心，夫人，我_____"

125 "您被指控偷了一头大猪和七头小猪。"法官对被告说。

"我偷了大猪，是我的错。但是说我偷了小猪完全是瞎扯，它们_____"

126 丈夫对律师说：

"我要和妻子离婚。"

"发生了什么？"

"她每天都在餐厅和酒馆四处乱逛！"

"你老婆酗酒吗？"

"不，她_____"

127 "我不明白一个人怎么会犯这么多错误？"老师很惊讶，把作业本还给了学生。

"我_____"

128 一对夫妇带着孩子走进饭馆。

父亲说："请给我两杯白兰地。"

孩子好奇地问："您怎么知道_____"

129 "天啊！"妻子尖叫，"我们没有邀请玛丽姨妈参加明天的野餐！赶快打电话给她！"

丈夫打电话给玛丽阿姨，向她道歉并邀请她去野餐。

"谢谢，但是我不去了。您打来太晚了，我_____"

130 "教女孩游泳的最好的方法是什么？"

"您用左手轻抚她的腰，然后紧紧握住她的左手。"

"笨蛋，我说的是我姐姐！"

"您应该从一开始就告诉我。_____"

131 女儿结婚几个月后，母亲问她：

"你丈夫对你怎么样？"

"很好，我要什么他给什么。"

"所以_____"

132 一辆拥挤的公共汽车在弯道上急转弯，一名老妇无意中抓住了一个站在旁边的男人的胡子。

"放开我的胡子！"男人咆哮。

"_____"

133 丈夫在亲戚的葬礼结束后，对妻子说：

"现在我终于可以向你坦白，要不是因为对你的爱，我无法忍受你的叔叔在我们家里待这么多年。"

"怎么了，难道_____"

134 "外面大雨瓢泼，但我妻子忘了带雨伞。"

"没关系，她会在商店里避雨。"

"_____"

135 护士："您的另一半感觉如何？"

丈夫："谢谢，非常好，但是我认为还需要一段时间才能出院。"

之后丈夫回到病房。

妻子："你和医生见面了吗？"

丈夫："没有，但是我看到了_____"

136 两位老医生在聊天：

"我曾断言一个病人会在十年前死亡，但他现在还活着。"

"是的，这再次证明，当患者真正想要活着的时候，_____"

137 "您能保证这真的是伦勃朗的画吗？"

"是的！我保证_____"

138 有一天早餐时妻子对丈夫说：

"约翰，你昨晚说梦话了。"

"_____"

139 妻子问丈夫：

"你看到我溺水时救我的那个人了吗？"

"是的，他来找过我，_____"

140 两个女人正在聊天：

"你为什么穿成这样？"

"今天有个会议。"

"不知为何，我无法相信你会去参加会议。"

"_____"

141 妻子对丈夫说：

"皮埃尔，我们需要立刻回家，我忘了关熨斗！"

"没必要。"

"但是会失火！"

"不会的。"

"为什么？"

"因为我_____"

142 "爸爸，我梦到你给了我一百卢布。"

"_____"

143 黎明时分，公寓的门铃响了。主人打开门，看到一个醉酒的年轻人抓着一个女孩的手臂。

"先生，"主人说，"首先，你答应过我，要在晚上10点前送我女儿回来；其次，_____"

144 "我看到的是，尽管你已婚，但你仍然自己缝外套上的纽扣。"

"你错了，_____"

145 "你很难治愈我的病。"病人叹了口气。

"别担心，"医生回答，"我们有很多_____"

146▶ "我喜欢你的一切，"年轻男子对他的妻子说，"外表、魅力和智慧。你的各方面都很好。告诉我，你最看重我什么？"

"_____"

147▶ 当百万富翁的病情已经发展到无药可医时，医生对他的妻子说：

"女士，您要做好一切准备了。"

"没什么好准备的，我_____"

148▶ "我想我应该离开，"漂亮的女服务员对餐厅主管说，"我可能无法胜任这份工作。"

"你为什么这么认为？"

"我注意到男人们_____"

149▶ "这里是汽车维修店。您的妻子来修理汽车，但是我们不知道谁来付钱。"

"很显然，我付汽车修理费。"

"我并不担心。我想知道谁来付_____"

150 年轻妻子对丈夫说：

"亲爱的，你吃了我做的第一个馅饼。我明天要烤一个新的。你觉得怎么样呢？好吧，你怎么不说话？说点什么吧，＿＿＿＿"

151 "凯蒂，我认为你不得不和那些没有我有魅力的人约会。"

长久的沉默。

"我说，凯蒂，你怎么看？"

"别烦我，我＿＿＿＿"

152 "爸爸，我不能再抱着妹妹了。能把妹妹换成瓶子吗？"

"你疯了，吉米！＿＿＿＿"

153 两个光头在吵架。

"你比我秃！"

"为什么？你和我脑袋上都是 根头发都没有！"

"但是＿＿＿＿"

154 两个女人在聊天。

"你知道吗，我瘦了5斤！"

"你上秤的时候＿＿＿＿"

155 一个顾客来到商店，开始抱怨：

"鬼知道怎么回事！昨天我买了一件夹克，但今天它的背面就开裂了。"

"先生，别担心，"女售货员安慰他说，"大概是_____"

156 年轻妻子对丈夫说：

"亲爱的，我很难立刻改变自己少女时期的习惯！"

"没必要，亲爱的，继续_____"

157 主人的儿子不断弹钢琴，没有注意到客人扭曲的表情。最后，在完成一首曲子之后，他宣布：

"现在，我将演奏您点的曲目。"

"太好了！"一位客人惊呼，"_____"

158 一个人站在公交站台，他看到自己身边有一条绿色的鳄鱼。公共汽车来了。

"我不想坐这辆车，等下一辆吧。"鳄鱼说。

又一辆公交车到了。

"我也不想坐这辆车。"鳄鱼抱怨说。

"那你想怎样？"男人无法忍受了，"如果你不停止自己的想法，我现在就_____"

159 一个男孩在学校的走廊里痛哭。班主任问：

"发生了什么？你怎么哭了？"

"数学老师滚下了楼梯。"

"不要哭，没什么问题，他很健康。"

"怎么能不哭！_____"

160 被激怒的丈夫对妻子说：

"克里斯蒂娜，我什么都知道！"

"我们现在检验一下。"妻子平静地回答，"请说出_____"

161 "我为了展示新的衣服，每天要换五次！"模特对客人们说。

"你想想，"其中一位客人的儿子说，"我妹妹一天换二十次！"

"你妹妹？她年纪多大？"

"_____"

162 学生抱怨：

"教授，我怎么才两分！"

"你要知道，这很遗憾，_____"

163 ➤ "真奇怪，您给自己的女儿选了这种人做丈夫。"

"他有什么不好的地方吗？"

"他刚刚服完五年刑。"

"啊，骗子！_____"

164 ➤ 两个来自美国得克萨斯州的女子抵达巴黎，在旅馆里交流对巴黎的印象：

"我很不愿意谈论这件事，但是我来这里已经三天了，还没去过卢浮宫。"

"我也是，"她的朋友对她说，"那里_____"

165 ➤ "昨天我在剧院看到了你妻子。她咳嗽得很厉害，所有人都回头看她。她患流感了吗？"

"_____"

166 ➤ 在吵架时，妻子激动地大喊：

"比起嫁给你我更愿意嫁给魔鬼！"

"你不可能嫁给魔鬼，"丈夫立即反驳，"毕竟_____"

167 ➤ 雨水透过窗户的缝隙打湿了一个乘客的衣服。

"大叔，你为什么不换个位置？"司机问。

"车上没人啊，"乘客环顾四周，问司机，"_____"

168 摄影师问顾客：

"夫人，您想要大照片，还是想要小照片？"

"小的。"

"那么您应该_____"

169 丈夫对妻子说：

"看，我已经在洗第三件衬衫了。"

"你洗完两件了吗？"

"没有，我_____"

170 医生对病人的妻子说：

"您的配偶不应该喝浓咖啡。咖啡会使他神经紧张。"

"医生，如果你知道他紧张的时候是什么样子，_____"

171 "你疯了吗？"父亲骂女儿，"看看周围！水龙头漏水，水泥崩裂，电视也坏了，冰箱不工作，你_____"

172 有一位清洁女工在公司工作了许多年，公司决定在她七十岁生日之际，安排一次小型庆祝活动。得知此事后，清洁工去找经理：

"求求你，不要为我安排任何庆祝活动！"

"为什么？您怎么这么谦虚？"

"不，我_____"

173 一个女士把一个年轻人带到医生的办公室里，不好意思地说：

"这是我的女婿。我用平底锅打了他。"

医生检查完病人，然后问：

"你怎么这么用力地打你女儿的丈夫啊？"

"_____"

174 两个微醺的伐木工坐在小酒馆里吹牛。

"有一天我砍倒了挪威诺德兰郡的整个森林！"其中一个说。

"那又怎样！我曾经在撒哈拉沙漠工作过！"另一个说。

"那里不是只有沙漠吗？"

"_____"

175 刚刚到达酒店的女士对前台说：

"难道因为我从乡下来，就会同意住在这个狭小的房间里吗？绝不可能！"

"冷静点，夫人，别激动，这_____"

176▶ "科瓦尔斯基，你老婆让你接电话。"

"接电话？所以_____"

177▶ "叔叔，你会好心给我五块钱，让我去找我父母吗？"

"拿着，孩子！你父母在哪里？"

"_____"

178▶ 在一次物理课上，老师打算解释水力发电站的工作原理："孩子们，知道人们怎样在水的帮助下得到光吗？"

彼得举起了手："我知道！通过_____"

179▶ 两个人乘坐租来的船，在河上划行。突然一个人的烟斗掉进了水里。他迅速拿出铅笔刀，在船的侧面做了一个记号。

另一个人问他：

"你为什么这么做？"

"记下我烟斗掉下去的地方。"

"但这很愚蠢！"

"为什么？"

"因为下次_____"

180 老板对年轻的雇员说：

"小姐，你每天早上都迟到，你没有闹钟吗？"

"有，但是它_____"

181 "好吧，如果我的妻子什么事都与我作对，我怎么才能不和她吵架？"

"怎么回事啊？"

"当我回到家对她说晚上好时，她每次都会回答我_____"

182 精神病医生接诊时，一个年轻人紧张地解释说，他的亲戚强迫他去看医生，仅仅因为他更喜欢棉袜，不喜欢合成纤维的袜子。

"怎么了？"医生很惊讶，"我也喜欢棉袜。"

"是吗？"病人高兴地惊呼，"你_____"

183 一头巨大的老象在动物园中死亡。访客听到一个饲养员的痛哭，对他表示同情。

"我明白您可能非常喜欢这种温和的动物。"

"温和？它性格很坏！"

"那你为什么哭？"

"_____"

184▶ "我和她在20年前相处得很幸福！"

"然后呢？"

"然后我们_____"

185▶ 电话响了。孩子拿起电话。

"你爸爸在家吗？"他听到一个声音。

"很尴尬地告诉您，他不在家。"

"为什么尴尬？

"_____"

186▶ "证人，你结婚了吗？"

"没有，尊敬的法官，我只是_____"

187▶ "恭喜，卡尔！你和妻子和好了吗？昨天我看到你们在一起锯木头了。"

"嗯，那是我们_____"

188▶ "你要嫁给我，因为我继承了诺拉姨妈的别墅吗？"

"当然不。那是开玩笑呢！我嫁给你还不如_____"

189▶ 一个头部绑着绷带的男子被送往医院。

"你结婚了吗？"填表单的护士问道。

"没有。_____"

190▶ 吃早餐时，丈夫脸色苍白。

"昨天晚上我回来时很吵闹吗？"他问他的妻子。

"没有，我从来没有见过你这么安静，但是_____"

191▶ "想象一下，婚礼结束后的第二天，米哈买彩票中了二十万元。"

"可怜的家伙，怎么_____"

192▶ "每当我看到有趣的人时，我都会忍不住笑。"

"那么您如何成功地_____"

193▶ 两个英国人正在喝着威士忌聊天。

一个人说："昨晚，我做了一个奇妙的梦，梦见我和一位女星一起搭乘一条船。"

"感觉怎么样？"另一个好奇地问。

"特别美好，我_____"

194→ 丈夫和妻子回忆过去。

"哦，亲爱的，你还记得我们是怎么认识的吗？"记忆如潮水般向二人涌来。

"是的，亲爱的，那真是_____"

195→ "您经常和妻子产生分歧吗？"

"经常。"

"她怎么说？"

"她能说什么？毕竟_____"

196→ "原谅我这么说，弗劳琳，但你真的在折磨我，我失去了睡眠与安宁。"邻居对年轻女孩说。

"我不能马上回答你，"这个女孩尴尬地说，"首先得和我父亲谈谈。"

"怎么谈，难道_____"

197→ 学生被要求帮忙卖彩票，每个人有二十张票。其中一个孩子很快到家并自豪地宣布：

"我卖了所有彩票！二十张彩票全卖给了一个家庭。"

"你是如何处做到的？"

"_____"

198▶ "你为什么上学迟到？"

"我想去钓鱼，但父亲不让我去。"

"你父亲做得对。他是怎么向你解释为什么应该去学校，而不是去钓鱼的？"

"他说_____"

199▶ "医生，您刚刚检查了我丈夫的身体，他还有没有治好的希望？"

"一切取决于_____"

200▶ 一位女士到诊所要求变瘦。

"我的丈夫给了我一个很棒的礼物，但我进不去。"

"女士，我们向您保证，只要执行我们的饮食计划，一个月之内就可以穿上新衣服。"

"这与衣服无关，_____"

201▶ 一个醉酒的丈夫在深夜回家，打开卧室的门，喃喃自语：

"亲爱的，请大声喊我，否则_____"

202▶ "我的画只值三英镑吗？"新锐艺术家感觉被冒犯了，"您笑什么？！即使只是一块画布，我的也更贵！"

"是的，但是你_____"

203 两个人参加期末考试。

第一个人说："我不知道怎么做，就交了白卷。"

第二个人说："我也无法答出那道题目，交了白卷。"

"你怎么这样！"第一个人吓坏了，"他们会认为_____"

204 "你的弟弟看到我亲了你。"

"我应该给他多少钱，他才能不告诉任何人？"

"通常在这种情况下，_____"

205 蜜月期间，玛丽牙疼，她的丈夫和她一起去看牙医。医生检查了她疼痛的牙齿，并说应该在一年前把它拔掉。

"一年前?!"年轻的丈夫大叫，然后扭头看着妻子，"那样的话，_____"

206 "服务员，一份牛排。"

"哪种牛排？"

"只要你们这里最普通的牛排。我想要_____"

207 "玛丽，我们州禁止在沙滩上换泳衣。"

"无所谓。我通常_____"

208 "您对摩托车满意吗？"

"不是很满意，不断有人_____"

209 老师向学生解释了一朵美丽的玫瑰花和一朵颜色淡淡的不起眼的紫罗兰花之间的区别：

"想象一位漂亮的女士穿着华丽的衣服走在街上。她骄傲地走着，没有向任何人打招呼，也没有回头看任何人。在她之后，有一种难以察觉的意识潜伏着。"

小艾尔莎举起了手：

"我知道这个意识是什么！_____"

210 仆人对主人说：

"先生，我不得不向您报告，厨房里发生了火灾。"

主人继续看报纸：

"去告诉女主人。你知道吗，我_____"

211 一位富有的商人在临终时对儿子说：

"我想告诉你人生成功的秘诀。人最重要的两个品质就是诚信和谨慎。诚信是始终履行我们的承诺。"

"谨慎呢？"

"谨慎是_____"

212 ➜ 一个病人来找医生，说他腿疼。

"是的，你有严重的骨伤。你这样走路多久了？"

"已经两个星期了。"

"两个星期？你怎么能忍受这么久？怎么不马上来看医生？"

"医生，一旦我说自己哪里疼，我的妻子就会说_____"

213 ➜ 一对夫妇坐在一起喝咖啡。妻子问丈夫：

"今天你有没有发现我的特别之处？"

丈夫仔细地看着她，不确定地说：

"你换了新发型？"

"不是。"

"新裙子？"

"不是。"

"今天是你生日吗？"

"不是。"

"也许今天是我们的结婚纪念日？"

"不是，你真傻！我_____"

214 ➤ 动物园的工作人员看着一条大鳄鱼张开的嘴。

"它怎么了？"游客问。

"我还不知道，医生_____"

215 ➤ 丈夫深夜回家，对妻子说：

"你永远不会猜我在哪！"

"我一定会猜，但是首先_____"

216 ➤ "我永远不会和女孩在一起，"威廉叹了口气，"昨天我邀请了一位了不起的女孩去餐厅。她在沙拉中发现了一条小虫子。她叫来服务员，说：'请带走这个令人讨厌的东西！'然后服务员_____"

217 ➤ "你的家庭生活怎么样？"

"非常好！我们决定_____"

218 ➤ "我很乐意与一个有三个姐妹的女孩结婚。"

"为什么？"

"在那种情况下，我将仅有_____"

219 ➤ "服务员，这只鸡的腿比另一只鸡的腿短！"

"所以呢？您_____"

220 "如果老虎袭击了你的妻子，你会怎么做？"

"我不会干涉，_____"

221 在法庭上，法官询问被告：

"被告，您声称只向受害者扔了西红柿？"

"是的，法官先生！"

"那么您如何解释他头上的这些伤？"

"西红柿是_____"

222 在市场上，买家问：

"这只猫多少钱？"

"五百元。"

"但是昨天您只要三百元。"

"今天它_____"

223 两只北极熊进入了撒哈拉沙漠。

"该死，这里真滑！"其中一只大喊。

"你为什么这么认为？"另一只很惊讶。

"你没看到_____"

224 "为什么彼得罗夫昨天对他的妻子大喊大叫？"

"她不想说她把钱花在了什么地方。"

"为什么他今天叫得更大声了？"

"今天_____"

参考答案

1. 我妈妈明天要来。

2. 光头的女人你也喜欢吗?

3. 买了两箱伏特加酒、二十瓶啤酒、五升葡萄酒。

4. 不,我是丈夫。

5. 总有人问我现在几点了。

6. 右边的栅栏后面。

7. 谁有兴趣看你?

8. 要去参加她的葬礼。

9. 他头疼。

10. 真神奇!谁说的?

11. 家里没有这种令人昏昏欲睡的环境。

12. 老妖婆会很喜欢吃这个粥吗?

13. 您只有三个女儿吗?

14. 已经有人把老虎的头和身体分开了。

15. 我没有信守诺言吗?

16. 轮到骂我的时候,他已经很累了。

17. 坦白两次?

18. 因为我起得很早。

19. 刚出车祸了。

20. 是"强盗"。

21. 他是卖冰激凌的。

22. 客房。

23. 也许你不会中奖。

24. 接种疫苗不会提高智商。

25. 开瓶器在哪里。

26. 也许不是呢?

27. 这不属于我的服务范围。

28. 这里有很多我的竞争对手。

29. 另一个渔民没有票。

30. 我在该地区饲养奶牛已有20

年了。

31. 已经付款了。

32. 你认为我合眼了吗?

33. 狱警不会让他们离开牢房。

34. 我丈母娘曾经反对这段婚姻。

35. 这个叫醒我吗?

36. 我会早点儿回家。

37. 要求提前交房租。

38. 教坏了我这里所有的鹦鹉。

39. 他自己吃什么。

40. 感谢他们为我的妻子举行葬礼。

41. 嫁给我。

42. 放弃了当医生。

43. 洗碗?

44. 在楼上养马。

45. 一小时十五分二十八秒。

46. 它不认识我了。

47. 爱给对方带来麻烦。

48. 不能再吃晚饭了。

49. 我的车和她在一起。

50. 我。

51. 我有半点儿不舍吗?

52. 所有报纸上都报道了。

53. 吸烟的人会光着脚吗?

54. 正要离开。

55. 警察局也不提供免费的威士忌。

56. 这是我们结婚的日子。

57. 正因如此,我才难过得大哭。

58. 只提要求。

59. 你在哪里打的电话?

60. 也是这么想的。

61. 没有注意到这里有女士。

62. 那就没说什么了。

63. 右手是假肢。

64. 他们都搬走了还打什么电话!

65. 我的妻子也打我。

66. 我们无法理解你的工作是做什么。

67. 通常我也不会拒绝任何人。

68. 等到第四个孩子出生吧!

69. 您在设法转移别人对您的怀

疑吗？

70. 以前一切都很好。

71. 会免费为你理发。

72. 你真的相信那些活人的故事吗？

73. 知道一部分。

74. 这是他们的父亲在哭。

75. 还未学会制作真钱。

76. 聊你不了解的内容。

77. 不会做饭。

78. 我想知道帷幕上画了什么？

79. 筛沙子。

80. 是唯一能成功的方法。

81. 正挂在吊灯上。

82. 请马上关闭计价器。

83. 只嫁一个人啊！

84. 负责诊治我的叔叔。我是他唯一的继承人。

85. 我。

86. 我猜不到。

87. 为什么所有女人都问同一个问题？

88. 去看戏的是你的父母和弟弟。

89. 从每个人那里收取50美分。

90. 不需要睡那么久。

91. 你要煮了他吗？

92. 做完他的数学作业。

93. 医生请假了。

94. 别给我加薪！

95. 这是我的丈夫。

96. 现在电影变成有声的了。

97. 在被麻醉之前先数数钱。

98. 咳嗽声把主人吵醒了。

99. 这是最后一次。

100. 也伴随着我？

101. 不，是嫁给了我。

102. 我很着急。

103. 把眼镜忘在家里了。

104. 我们就在这里度假。

105. 带她一起离开。

106. 没认出您。

107. 总是扔不中。

108. 我不在他们其中。

109. 清醒地回家。

110. 去买票?

111. 而且我不吃牛肉。

112. 更快地完成了比赛。

113. 我一直不敢相信她失踪了。

114. 我家暴了她。

115. 只用过橘子。

116. 摸方向盘的第一天。

117. 宰杀这么珍贵的鸟类!

118. 再加十法郎,我把它让给您。

119. 昨天他也向我求婚了!

120. 侮辱狗。

121. 最受不了这首曲子!

122. 病得很重,甚至精神错乱!

123. 长发已经过时了。

124. 什么都吃。

125. 是自己追上来的!

126. 在寻找我。

127. 和祖父一起写的。

128. 妈妈不会喝酒?

129. 已经祈祷明天下雨了。

130. 将她直接从岸上推入水里!

131. 你什么都不需要。

132. 您要下车了?

133. 不也是你的叔叔吗?

134. 这就是我所担心的!

135. 诊区的护士们。

136. 医学就无能为力了。

137. 两年之内是。

138. 希望我没有打扰你。

139. 并向我致歉。

140. 的确,是我的丈夫要去参加会议。

141. 没有关浴室的水龙头。

142. 是的,孩子,你留着吧。

143. 这不是我的女儿。

144. 这是我妻子的外套。

145. 药还在研制中。

146. 你的品位。

147. 至少可以继承一半遗产。

148. 开始检查我找给他们的零钱。

149. 维修店的维修钱。

150. 你怎么了？

151. 正在努力回想你是谁。

152. 你把瓶子摔碎了怎么办？

153. 你的头更大。

154. 是不是没化妆？

155. 前面的纽扣缝得太紧。

156. 从父亲那里拿钱，就像什么也没发生。

157. 和我们一起打扑克吧。

158. 会酒醒，而你就会消失。

159. 全班同学都看到了，而我那时正在餐厅吃饭！

160. 多瑙河流了多久。

161. 三个月。

162. 但没有更低的分数了。

163. 他说只有三年！

164. 有非同寻常的美食吗？

165. 不，她穿了一件新衣服。

166. 近亲不能结婚。

167. 我和谁换位置？

168. 微笑。

169. 从第三件开始。

170. 就会让我为他煮咖啡的。

171. 却要嫁给诗人。

172. 可以想象庆祝活动结束后，有多少清洁工作要做。

173. 那时他还不是我的女婿。

174. 现在是。

175. 只是一部电梯。

176. 那不是我的老婆。

177. 在电影院。

178. 洗窗户。

179. 我们乘的是另一艘船。

180. 总是在我睡觉时响。

181. 早上好！

182. 是喜欢涂黄油还是涂草莓酱？

183. 因为我必须为它挖一个坑，埋了它。

184. 结婚了。

185. 因为我不喜欢说谎。

186. 看起来像结婚了。

187. 共用的家具。

188. 嫁给别墅。

189. 这就是这场事故的结果。

190. 三个拖着你的人叫的声音很大。

191. 那么不走运。

192. 刮胡子？

193. 抓到了一条大鳟鱼！

194. 可怕的不幸。

195. 她对此一无所知。

196. 是他在弹钢琴吗？

197. 他们被狗咬了。

198. 鱼饵不够两个人用。

199. 您的意愿。

200. 是汽车。

201. 我在黑暗中找不到床。

202. 这块画布不干净了。

203. 你被我骗了！

204. 给他二十五美分。

205. 就是你自己支付治疗费了！

206. 把它垫在桌腿下方，以免桌子晃动。

207. 在去海滩的路上换。

208. 去医院。

209. 是她的丈夫。

210. 就不应该在家休息。

211. 永远不要许下承诺。

212. 必须先戒烟。

213. 化妆了！

214. 半个小时没出来了。

215. 我想听听你的说法。

216. 抓住我的衣领，把我从餐厅拖了出来。

217. 推迟离婚。

218. 四分之一个丈母娘。

219. 又不会和它跳舞。

220. 那是老虎的事，就让老虎自己解决吧。

221. 装在一个玻璃罐中的。

222. 吃了一只鹦鹉。

223. 这里倒了多少沙子吗？

224. 她告诉他了。